Jo-Jo

Sachunterricht 2

Erarbeitet von

Anna Christ
Kristian Keudel
Günter Nordmann
Dagmar Walther

sowie

Falk Beckhausen
Annette Greiner-von Bismarck
Britta Corssen
Juliane Groebler
Ulrike Heuer
Patricia Kehrberg
Uwe Mensching
Maike Nastke

Cornelsen

Inhalt

Bauen

Ein Turm entsteht ... 6
Türme ... 8
Brücken ... 9
Gräber aus großen Steinen ... 10
Mach mit! ... 11

Ich – Du – Wir

Meine Familie – deine Familie ... 12
Max Familiengeschichte 14
... und andere Ereignisse ... 15
Zeitverläufe darstellen ... 16
Mach mit! ... 17
Tätigkeiten in der Familie ... 18
Die Rechnung ... 19
Überall Werbung ... 20
Der CD-Kauf ... 21
In Familien gibt es viel zu entscheiden ... 22
Mach mit! ... 23

Herbst ... 24–27

Natur entdecken: Tiere

Der Körper der Katze ... 28
Katzenaugen ... 30
Nachwuchs bei den Katzen ... 31
Eine Katze als Haustier? ... 32
Mach mit! ... 33

Neu – alt – neu

Überall Abfall? 34
Müll vermeiden 36
Müll trennen 37
Altpapier wird recycelt 38
Papierqualität und Umweltschutz 40
Mach mit! 41

Winter 42–45

Zeiten und Räume

Uhren messen die Zeit 46
Tag und Nacht 48
Verschiedene Tagesabläufe 49
Die Jahreszeiten 50
Der Kalender 52
Mach mit! 53

Das bin ich

Das Auge 54
Das Ohr 56
Das Richtungshören 57
Der Mund und die Nase 58
Die Haut 60
Mach mit! 61

www.unterwegs

Was sagen uns die Zeichen? 62
Umsicht im Straßenverkehr 64
Mit dem Bus unterwegs 66
Gefährliche Situationen 68
Mach mit! 69

Frühling 70–73

Wir im Norden

Verschiedene Schulwege 74
Ein Raum – drei Ansichten 76
Wichtige öffentliche Gebäude im Heimatort 78
In der Freizeit ins Museum? 80
Mach mit! 81

Natur entdecken: Pflanzen

So wächst die Kartoffel 82
Woher die Kartoffel kommt 84
Die Kartoffel – eine vielseitige Knolle 85
Was der Kartoffel schadet 86
Mach mit! 87

Wie wir leben

Miteinander leben 88
Mein Zuhause 90
Aus dem hohen Norden 92
Mach mit! 93

 **Sommer** 94–97

 **Umwelt erforschen**

Das Wetter 98
Der Niederschlag 100
Der Wind 101
Der Regenbogen 102
Die Wettermusik 103
Das Thermometer 104
Die Wetterkarte 106
Eigenschaften des Wassers 107
Wasser verändert sich 108
Wasser als Lösungsmittel 109
Flüssigkeiten untersuchen 110
Mach mit! 111

Bauen

Ein Turm entsteht

Zu allen Zeiten bauten Menschen **Türme**.
Schon die Bibel erzählt von einem Turmbau:
dem Turmbau zu Babel.
Pieter Bruegel malte, wie er sich diesen Bau vorstellte.

1   Betrachte das Bild. Beschreibe es.

Viele Menschen arbeiten auf der Baustelle.
Sie benutzen **Hebel** und **Tragestangen**,
um schwere Lasten zu heben.
Diese **Werkzeuge** erleichtern den Menschen die Arbeit.

Turmbau zu Babel, 1563

Die Sandsteine werden mit Hebeisen bewegt.

Ein Holzfass wird mit Tragestangen bewegt.

Mehrere Menschen bewegen den Kran.
Als Antrieb dient ein Tretrad.
Darüber liegt ein Seil, an dem Lasten gehoben werden.

 Erkundet: Wie werden heute auf einer Baustelle schwere Teile bewegt?

Türme

Jeder Turm hat eine bestimmte Aufgabe.
Ein **Fernsehturm** strahlt Radio- und Fernsehprogramme aus.
Er ist sehr hoch, um weit senden zu können.
Ein **Kirchturm** wird zu Ehren Gottes gebaut.
Er ragt hoch in den Himmel.
Die Glocken im Kirchturm sind weithin zu hören.

Die **Michaeliskirche** „der Michel"
steht in Hamburg.
Mit 132 Metern ist der Kirchturm
einer der höchsten der Welt.

Die große Glocke im Kirchturm
wiegt mehr als ein
ausgewachsener Elefant.

Der **Telemax** steht
seit 1992 in Hannover.
Mit Sendemast ist der Turm
282 Meter hoch.
Ein Teil des Turms
liegt tief in der Erde.

1 Vergleiche das Aussehen beider Türme.

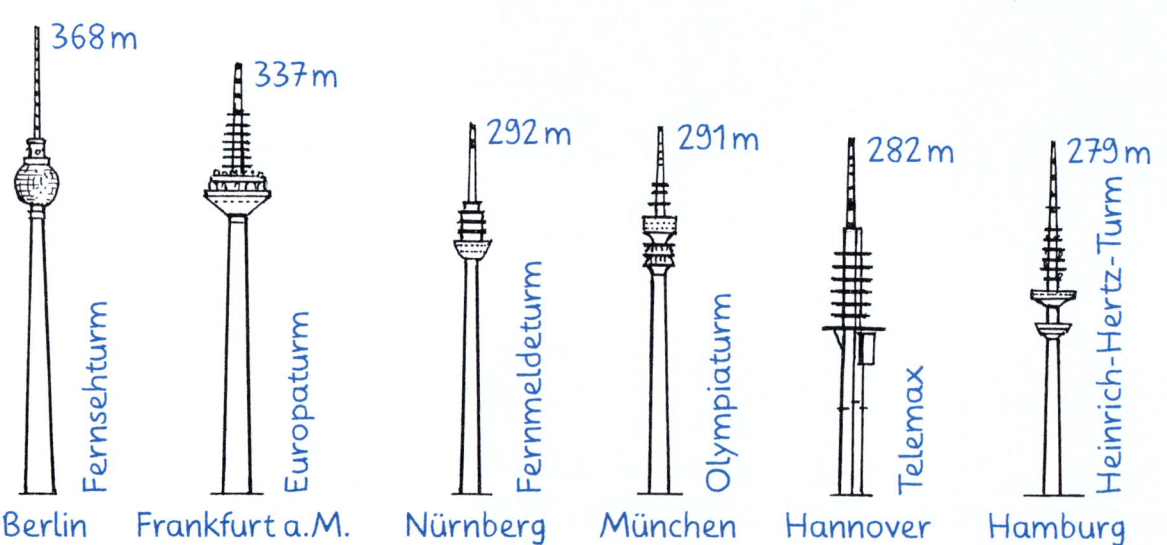

Fernsehtürme in Deutschland

368 m	337 m	292 m	291 m	282 m	279 m
Fernsehturm	Europaturm	Fernmeldeturm	Olympiaturm	Telemax	Heinrich-Hertz-Turm
Berlin	Frankfurt a.M.	Nürnberg	München	Hannover	Hamburg

2 Welche Türme kennst du? Wofür wurden sie gebaut?

3 Baut einen stabilen Turm. Zeichnet den Turm.

Brücken

Brücken führen über Flüsse, Schluchten oder Hindernisse.
Sie müssen stabil gebaut sein.

Bei einer **Balkenbrücke** führt die Fahrbahn
über einen Träger. Das ist der Balken.
Der Balken wird von Pfeilern gestützt.
Der Abstand zwischen zwei Pfeilern
darf nicht groß sein.
Unter schwerer Last
könnte die Brücke
sonst einstürzen.

Eine **Hängebrücke** besteht aus
Pfeilern, über die Seile geführt werden.
An den Seilen sind Stangen befestigt.
Daran hängt die Fahrbahn.
Die längsten Brücken der Welt
sind alle Hängebrücken.

Die **Bogenbrücke** hat Pfeiler,
die einen Bogen bilden.
Dadurch kann sie schwere Lasten tragen.
Früher baute man Bogenbrücken aus Stein,
heute aus Stahlbeton. Bogenbrücken
überqueren oft tiefe und enge Täler.

 Die Große Brücke Danyang-Kunshan ist die längste der Welt. Sie ist fast 165 km lang.

1. Wo findest du in deiner Umgebung Brücken?
2. Baut Brücken aus Papier.
   Prüft, wie belastbar die Brücken sind. Zeichnet sie.

Gräber aus großen Steinen

In deiner Umgebung gibt es viele Gräber, die aus riesigen Steinen gebaut wurden. Sie sind ungefähr 4000 Jahre alt und in der Steinzeit errichtet. Früher glaubten die Menschen, dass hier Riesen (Hünen) begraben wären. Deshalb nannten sie diese Gräber **Hünengräber**.

Bau eines Hünengrabes

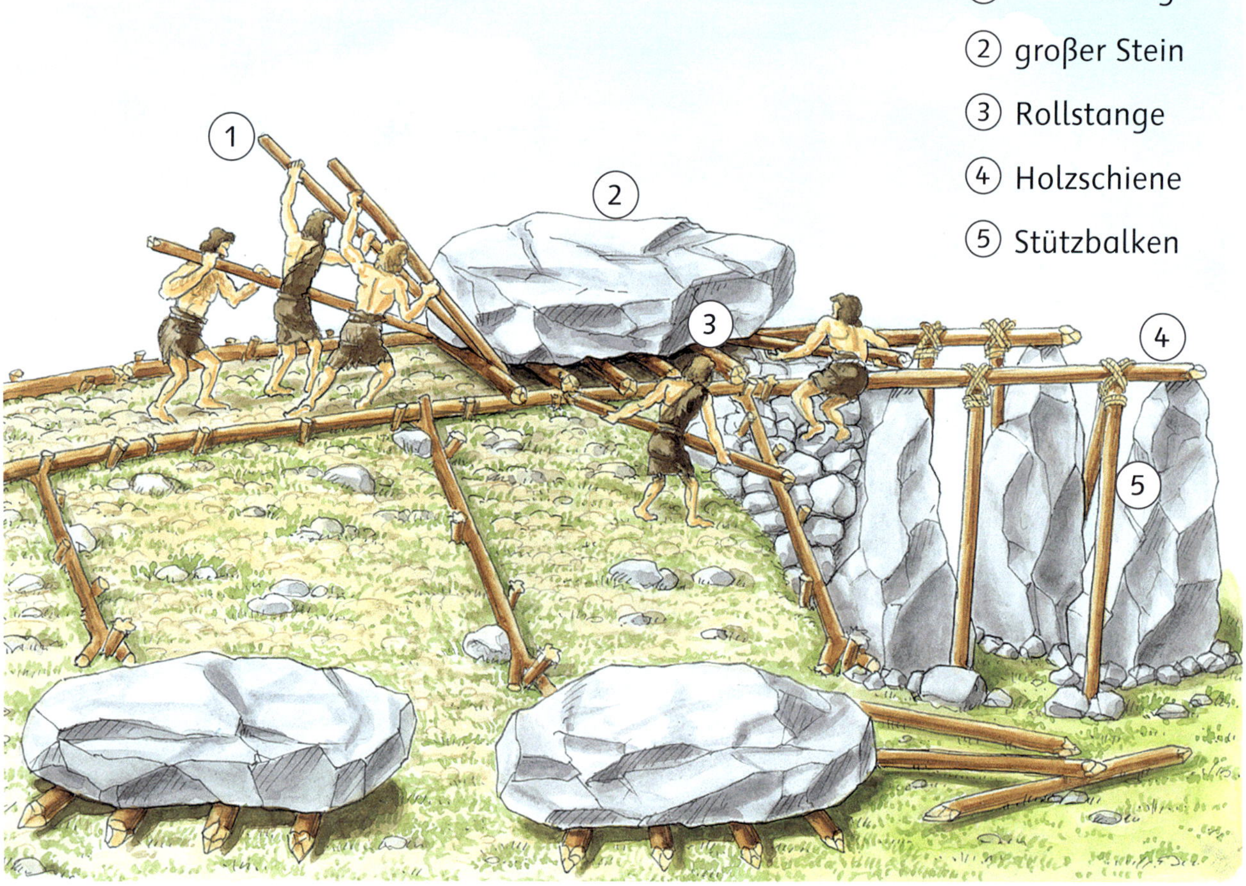

① Hebelstange
② großer Stein
③ Rollstange
④ Holzschiene
⑤ Stützbalken

Wir wissen nicht genau, wie die Menschen die schweren Steine für die Gräber bewegt haben. Sie müssen aber einfache Hilfsmittel, wie den Hebel, benutzt haben.

1 Betrachte das Bild und beschreibe die Baustelle: Welche Werkzeuge benutzen die Menschen? Wie bewegen sie die Steine?

2 Probiert aus: Wie wirkt ein Hebel? Nutzt dazu Nussknacker, Flaschenöffner, Knoblauchpresse …

Mach mit!

Versuche mit dem Hebel

Auch die Wippe auf dem Spielplatz ist ein Hebel. Probiert aus:

- Setzt euch mal nach innen, mal nach außen, zu zweit, zu dritt …

Wie schafft ihr ein Gleichgewicht?

„Fetzige Stadt"

Die Künstlerin **Niki de Saint Phalle** hat Fantasiehäuser und Figuren mit vielen kleinen Fliesen beklebt.

Baut selbst ein Fantasiehaus.

Ihr braucht:
Verschieden große Schachteln, Klebstoff, bunte Papierschnipsel

Holz hoch hinaus

Baue einen Turm aus Holzresten.

Du brauchst:
Holzleim, Hammer,
Nägel und Farbe

- Zeichne deinen gebauten Turm.
- Stellt eure Türme aus.
- Ordnet die Zeichnungen den passenden Türmen zu.

Ich – Du – Wir

Meine Familie – deine Familie

Ich heiße Svenja und möchte euch meine Familie vorstellen:

Mein Name ist Lourdes. Ich bin in Bolivien geboren. Gleich nach meiner Geburt kam ich in ein Heim. Jetzt sind Inge und Rainer meine Eltern. Sie haben mich adoptiert.

Ich heiße Mark. Meine Eltern sind geschieden. Ich lebe bei meiner Mutter. Jedes zweite Wochenende holt mein Vater mich ab. Wir fahren auch zusammen in den Urlaub.

Onkel Alex, seid ihr eigentlich eine Familie? Du und Tante Simone, ihr habt doch gar keine Kinder.

1 Betrachte die Bilder.
   Beschreibe sie.
   Erzähle, was die Kinder über ihre Familie berichten.

2 Wodurch unterscheiden sich die Familien? Gibt es auch Gemeinsamkeiten?

   Beschreibe oder zeichne deine eigene Familie.

Ich heiße Paul. Auf dem Foto kannst du meine Geburtstagsgäste sehen.
Ich stehe neben meiner Schwester Lara.
Meine Mutter und meinen Vater siehst du hinter uns.

Auch Opa Jörg, der Vater von Mama, ist gekommen.
Er blinzelt lustig durch seine Brille.

Oma Jutta, die Mutter von Papa, trägt ihren Lieblingspulli
mit den Schmetterlingen.

Onkel Frank ist der Bruder von Mama. Er hat seinen blauen Anzug an.

Sein Sohn Tim, mein Cousin, steht vor ihm.

Mutters Schwester Katrin ist meine Tante. Sie trägt ein oranges T-Shirt.
Ihre Tochter Kira ist meine Cousine.

3 Stellt mit 10 Kindern der Klasse das Familienfoto nach.
Für die anderen Kinder:
Lest den Text und benennt die Familienmitglieder.
Ihr könnt auch mit Namensschildern arbeiten.

Max' Familiengeschichte ...

Großvater Herbert erzählt:
Ich bin 1936 geboren und in Osnabrück aufgewachsen.
In der Schule ging es ziemlich streng zu.
Wenn ich nicht artig war, verteilte der Lehrer
mit einem Rohrstock Schläge. Und ich war oft nicht artig.
Nachmittags half ich meinem Vater Ernst bei der Gartenarbeit.
Danach spielte ich meistens mit meinem Bruder Hans Fußball.
Nach Abschluss der Volksschule ging ich in die Lehre
zu einem Bäckermeister. Meine Frau Eva und ich
bekamen eine Tochter, unsere Lena.

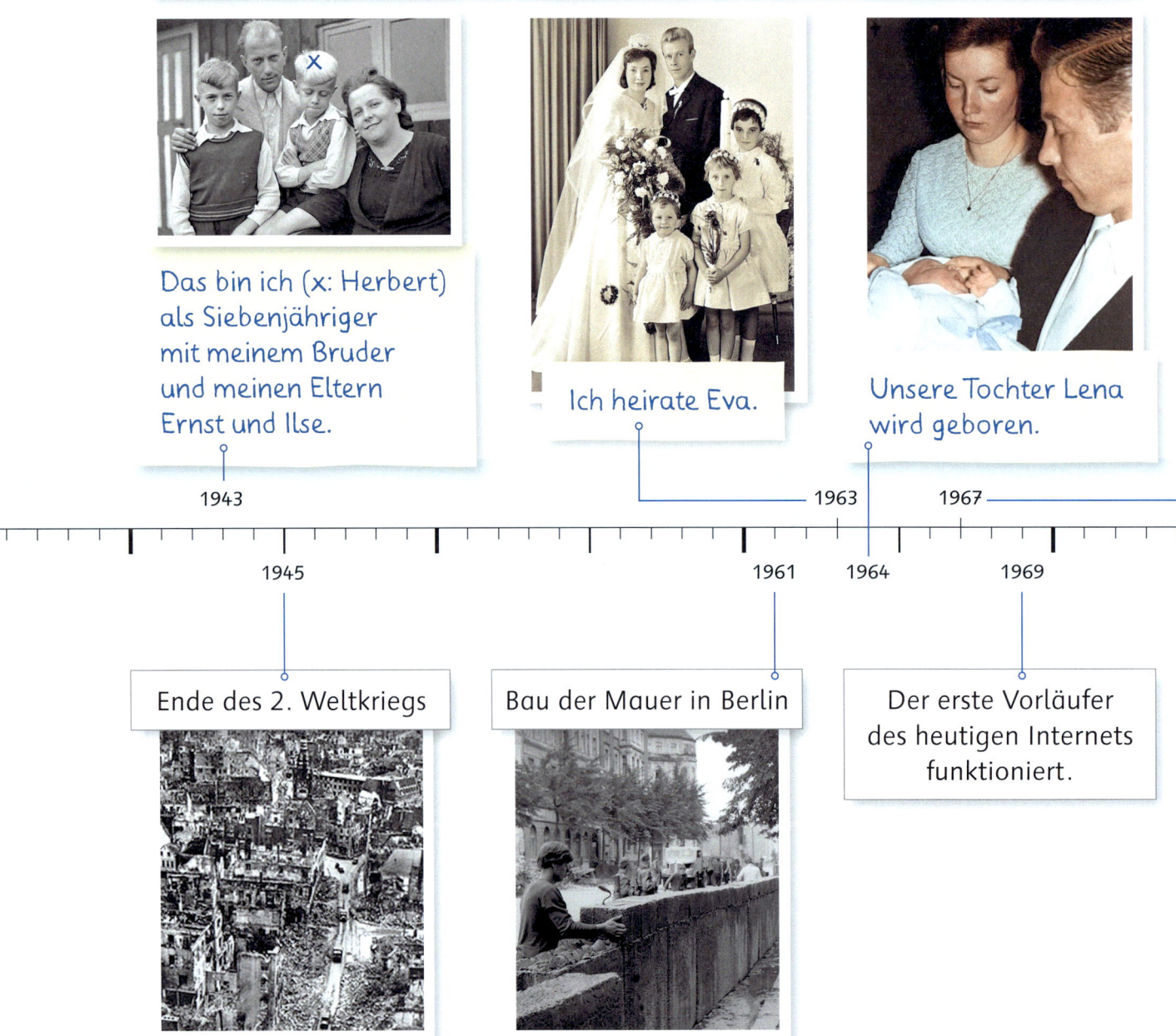

Das bin ich (x: Herbert) als Siebenjähriger mit meinem Bruder und meinen Eltern Ernst und Ilse.

Ich heirate Eva.

Unsere Tochter Lena wird geboren.

1943   1963   1967

1945   1961   1964   1969

Ende des 2. Weltkriegs

Bau der Mauer in Berlin

Der erste Vorläufer des heutigen Internets funktioniert.

… und andere Ereignisse

Mit einer **Zeitleiste** werden Ereignisse geordnet,
die in der Vergangenheit, in der Gegenwart
oder auch in der Zukunft liegen.
Sie wird mit Texten und Fotos gestaltet.
Eine Zeitleiste kann die Geschichte einer Familie zeigen,
die Entwicklung einer Erfindung oder auch Ereignisse,
die für alle Menschen wichtig waren.

1 Erstelle deine eigene Zeitleiste.
Beginne mit deiner Geburt.
Füge Ereignisse hinzu: 1. Geburtstag, mein erstes Bild, mein Schulanfang …

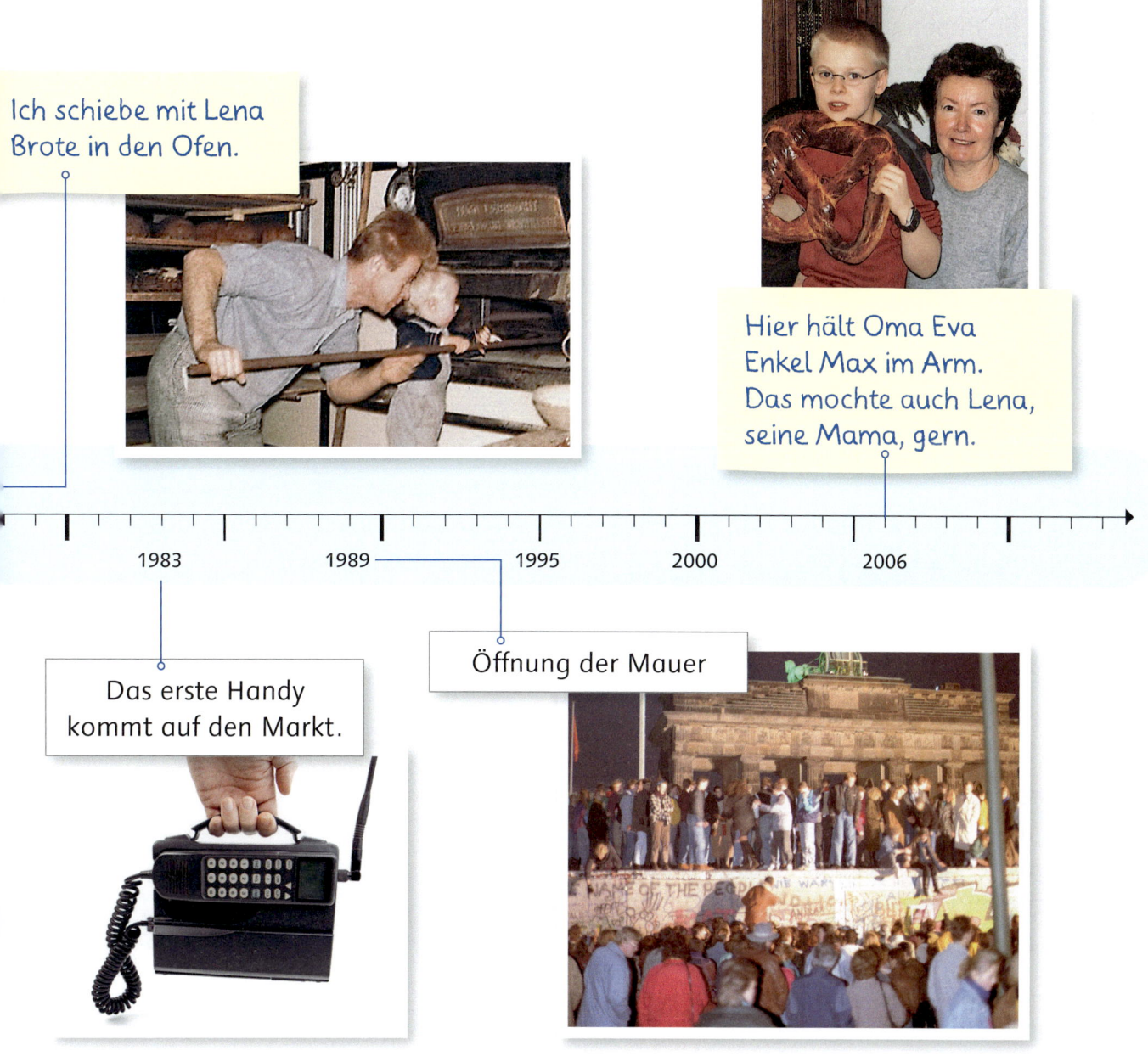

Ich schiebe mit Lena Brote in den Ofen.

Hier hält Oma Eva Enkel Max im Arm. Das mochte auch Lena, seine Mama, gern.

1983 — Das erste Handy kommt auf den Markt.

1989 — Öffnung der Mauer

Zeitverläufe darstellen

Zeitverläufe kann man unterschiedlich gestalten:
auf einer **Zeitleiste**, als **Zeitspirale**, **Zeitkreis** oder **Zeitstufen**.

Zeitleiste

Tipps zur Gestaltung deiner Zeitleiste:
- Benutze ein großes Blatt Papier oder ein Rest Tapetenrolle.
- Zeichne auf das Papier einen langen Pfeil.
- Lass deine Zeitleiste bei „0" beginnen.
- Zeichne im gleichen Abstand Striche auf den Pfeil.
  Beschrifte sie: 1, 2, 3, 4, 5, 6, 7, 8 …
- Suche Bilder zum Aufkleben aus. Lass dir von Erwachsenen helfen.
- Male und schreibe auch selbst etwas dazu.

Zeitspirale

Körperpflege
Essen
Schule
Hausaufgaben
Geburtstagsfeier bei Ella
Fernsehen
Lesen
Schlafen

Die Uhr zeigt 12 Stunden an.
Ein Tag hat 24 Stunden.
Mehr dazu auf Seite 48.

Zeitkreis

Die Jahreszeiten teilen das Jahr
in Abschnitte ein.
Mehr dazu auf Seite 50 und 51.

Zeitstufen

Das Bild entstand vor etwa 100 Jahren.
Es stellt die Lebensabschnitte einer Frau dar:
als junges Mädchen,
als junge Frau mit ihrem ersten Kind …
Solche Bilder waren früher sehr beliebt.

 Begründe: Warum hat man für die Darstellung eine Treppe gewählt?

Mach mit!

Zukunftsfamilie

Wie stellst du dir später deine Familie vor?

Male ein Bild.

Namensforschung

Finde heraus, woher dein Name kommt.
Was bedeutet er?

Benutze ein Namenslexikon.

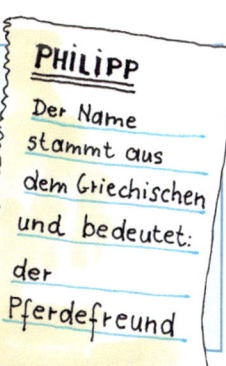

Von früher

Bringt altes Spielzeug
und alte Kleidung von euch mit.
Ordnet alles auf einer Zeitleiste einem Alter zu.

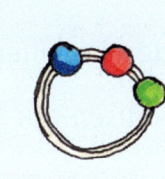

Tätigkeiten in der Familie

In einer **Familie** gibt es viel zu tun.
Bei einigen Arbeiten können Kinder mithelfen.
Andere Arbeiten sollten nur Erwachsene erledigen.
Wenn alle in der Familie mitarbeiten, bleibt mehr Zeit
für gemeinsame Unternehmungen.

1 Besprecht, was in den Familien erledigt wird. Erstellt eine Liste.

2 Welche Aufgaben sollten nur Erwachsene erledigen? Begründet.

Wähle dir eine Situationen aus. Spiele sie allein oder mit einem Partner vor.

Die Rechnung

Eva ist acht Jahre alt.
Im Spielzeugladen hat sie ein tolles Kartenspiel gesehen.
Es kostet 4,50 Euro.

Ihr Taschengeld hat Eva schon ausgegeben.
Da fällt ihr etwas ein. Sie schreibt ihren Eltern eine Rechnung:

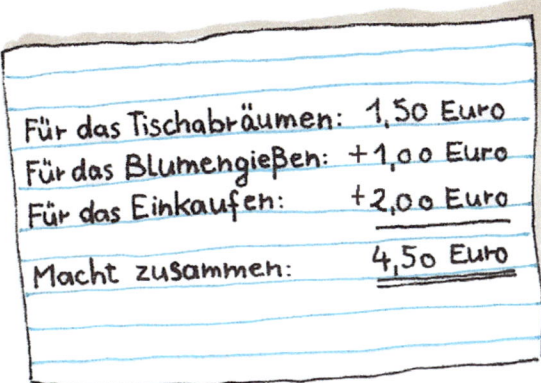

Bevor Eva ins Bett geht,
legt sie den Zettel heimlich
unter das Kopfkissen ihrer Mutter.
Die Mutter findet die Rechnung.
Am nächsten Abend
liegt unter Evas Kopfkissen
ein Briefumschlag.

1 Was könnte im Briefumschlag sein?
Spielt das Ende der Geschichte.

Überall Werbung

Werbung bietet etwas an:
Produkte, Veranstaltungen, Dienste.

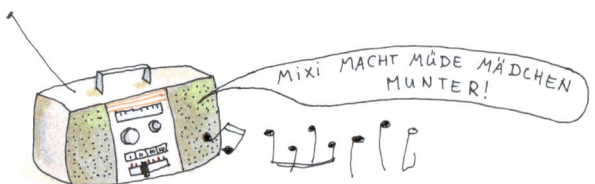

Werbung entdeckst du überall.
Im Fernsehen, im Kino und im Radio
werden kurze Werbespots gesendet.
Geworben wird mit Bildern,
einfachen Texten und Melodien.

Werbung findet sich auch als Anzeige
in Zeitschriften, im Internet,
auf Plakatwänden, an Litfaßsäulen,
an Haltestellen und auf Fahrzeugen.

Auch Menschen können
zu einer Werbefläche werden.
Zum Beispiel tragen Sportler Trikots
mit dem Namen eines Produkts.

Werbung verspricht sehr viel.
Sie soll zum Kaufen anregen.
Nachteile werden immer verschwiegen.

 Wer täglich eine Stunde fernsieht,
schaut in einem Jahr fast 500 Werbefilme.

Wenn du weißt, was Werbung will und wie sie das erreicht,
kannst du sie besser verstehen.

Dabei helfen Fragen:

- Wofür wird geworben?
- Wo wird geworben?
- Wie wird geworben?
- Erfahre ich etwas über Vorteile und Nachteile des Produkts?
- Brauche ich das Produkt wirklich?
- Was kostet es?
- Ist vielleicht ein anderes Produkt günstiger zu kaufen?

1 Notiere einen Tag lang, wo du Werbung entdeckst.

2 Gestalte selbst ein Werbeplakat.

Der CD-Kauf

Johanna ist bei ihrer Freundin Nele zum Geburtstag eingeladen. Mit ihrem Vater will sie eine Musik-CD als Geschenk besorgen.

1 Erzähle: Was verschenkst du zum Geburtstag?

2 Lest die Bildgeschichte. Wie kann die Verkäuferin weiterhelfen?

3 Vermute: Warum möchte Johanna die CD nicht mehr verschenken?

In Familien gibt es viel zu entscheiden

Jeden Tag gibt es in einer **Familie** viel zu entscheiden:
- Was wollen wir uns gemeinsam im Fernsehen anschauen?
- Wer erledigt was im Haushalt?
- Was wollen wir am Wochenende gemeinsam unternehmen?

Manchmal gehen die **Meinungen** auseinander.
Dann muss man miteinander sprechen.

Nach einem langen Gespräch entscheidet sich die Familie für einen Ausflug in den Zoo.

1 Spielt das Gespräch der Familie weiter.

2 Vermute: Warum hat sich die Familie für den Ausflug in den Zoo entschieden?

3 Erzähle: Wo kannst du in deiner Familie mitentscheiden?

Mach mit!

Streitschlichter

Worüber könnten die Kinder streiten?

Wie könnte es weitergehen?

Spielt das Streitgespräch.

Fernsehwerbung

- Bastelt euch aus Karton einen Fernsehapparat.
- Gestaltet witzige Werbespots zu Produkten.
- Spielt eure Werbespots vor.

Familienausflug

Überlege, was du mit deiner Familie gern unternehmen möchtest.
Was musst du alles bedenken?
Stelle deinen Plan in der Klasse vor.

Herbst

Amseln im Herbst

Amseln sind **Singvögel**.
Sie leben in Wäldern, in Gärten, in Parks und in Hecken.
Männchen und **Weibchen** sind gut zu unterscheiden.
Die Weibchen brüten zwei- bis dreimal im Jahr.

- Kopf
- Auge
- Schnabel
- Flügel
- Bein

Männchen · Weibchen

Im Herbst werden die Tage kürzer und die Nächte kälter.
Die Vögel legen sich ein Fettpolster an, um im kalten Winter genug Kraft zum Fliegen und Wärmen zu haben. Dafür müssen sie viel fressen: Würmer, Insekten, Spinnen, Schnecken und Früchte.

Vorbereitung auf die kalte Jahreszeit

Wenn es im Herbst kaum mehr kleine Tiere zum Fressen gibt, stellen die Amseln ihre **Nahrung** um. Sie fressen dann Früchte wie Hagebutten, Vogelbeeren und Holunderbeeren.

Wenn du im Herbst einige Dinge im Garten beachtest, kannst du den Amseln bei der Nahrungssuche helfen:

- Lass in einer Ecke im Garten das Laub der Bäume liegen.
  Darunter kriechen viele Insekten.
  Unter den Blättern wird es nämlich nicht so schnell kalt.

- Wenn du ein paar Früchte in den Bäumen und Sträuchern hängen lässt, finden die Vögel bis spät in den Winter etwas zu fressen.

Standvögel und Zugvögel

Amseln bleiben im Winter bei uns. Sie sind **Standvögel**.
Einige Vögel ziehen im Winter in den Süden.
Sie heißen **Zugvögel**. Bekannte Zugvögel sind die Wildgänse.
Man weiß noch nicht ganz genau,
wie die Zugvögel ihren Weg finden.
Sicher ist, dass sie sich mit Hilfe der Sonne, der Sterne
und mit Hilfe von **Landmarken** zurechtfinden.
Landmarken sind auffällige Dinge in der Landschaft.
Das können Berge, Flüsse oder große Gebäude sein.

So fliegen Wildgänse.　　　　　So fliegen Stare.

 Informiere dich, welche Vögel Zugvögel sind.

Einen Vogel falten

Du brauchst:

buntes Faltpapier und eine Schere

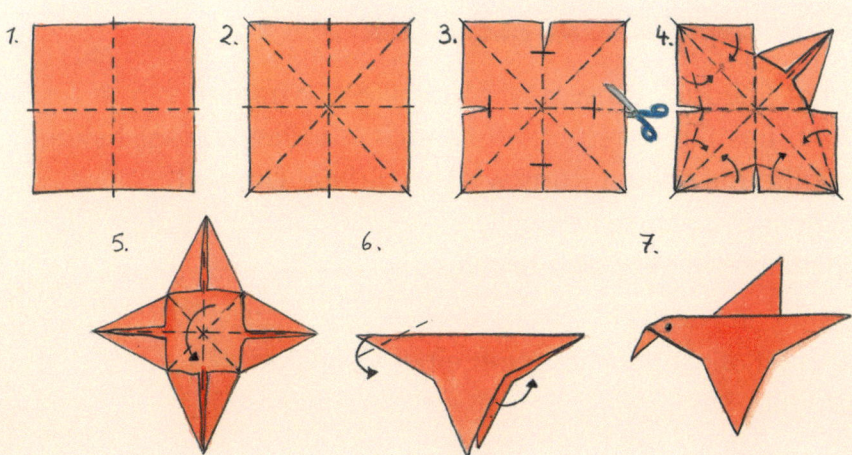

 Faltet Vögel. Gestaltet einen Wandfries: Wie Zugvögel fliegen.

25

Singender Vogel auf einem Baum

Singender Vogel auf einem Baum in der Stadt, 1951

Dieses **Aquarell** hat Friedrich Stowasser (1928–2000) gemalt.
Er ist unter seinem Künstlernamen **Friedensreich Hundertwasser** bekannt.
Hundertwasser wollte mit seinen Kunstwerken auf die Umwelt
aufmerksam machen. Wir Menschen sollten sie mit Freude erleben
und die Natur wieder mehr schätzen lernen.

 Im Bild siehst du einen einsamen Vogel in einer Großstadt.
Beschreibe den Vogel.
Vermute: Warum sind keine weiteren Vögel zu sehen?
Wie fühlt sich der Vogel?

Das klingende Bild

Der Vogel sitzt auf einem Baum in der Stadt.
Er schaut in die Umgebung und zwitschert.

Plötzlich unterbricht der Vogel sein Lied.
Er lauscht den Geräuschen, die ihn umgeben.

Das Rauschen der Blätter hört er kaum.
Von unten aus der Stadt dröhnen Geräusche:

    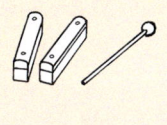

Was für ein Getöse!

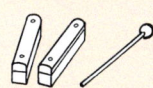   

„Ob mein Lied überhaupt zu hören ist?", überlegt der Vogel.

Eine Schar von Zugvögeln fliegt
über seinen Baum hinweg.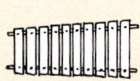

„Sie fliegen in den Süden", weiß der Vogel.
„Sie haben eine lange Reise vor sich, um dort zu überwintern."
Aber er, er wird hier in der Stadt bleiben
und auf seinem Baum den Winter erleben.

 Gestaltet die Geschichte.
Benutzt eure Stimme oder Instrumente.

Natur entdecken: Tiere

Der Körper der Katze

Das **Gehör** der Katze
ist ausgezeichnet.
Die Katze kann
ihre **Ohren** bewegen.

Die **Augen** können
sehr deutlich sehen.
Bei Dunkelheit
sind die **Pupillen**
weit geöffnet.
Bei Licht sind sie wie Schlitze.

Die Katze kann
sehr gut riechen.
Die **Schnurrhaare**
sind empfindliche Fühler.
Mit ihnen prüft die Katze,
ob sie durch eine schmale Lücke passt.

Unter den **Pfoten**
sind gepolsterte Sohlenballen.
Damit kann die Katze leise schleichen.
Auf dem Boden zieht sie ihre **Krallen** ein.
Zum Klettern und Jagen fährt die Katze
ihre Krallen aus.

Das **Fell** schützt die Katze
vor Kälte, Nässe und Hitze.
Sie putzt es mit ihrer Zunge.

Der **Schwanz** ist sehr beweglich.
Er ist wichtig für das Gleichgewicht:
beim Klettern, Springen und Fallen.

Die **Hinterbeine** sind besonders kräftig.
Mit ihnen kann die Katze weit springen.

> ❗ Die alten Ägypter glaubten,
> dass Katzen Licht in ihren Augen speichern,
> um damit nachts zu sehen.

1 Gestalte ein Plakat. Was kann die Katze besonders gut?

2 Beobachte eine Katze. Wie läuft sie? Was macht sie?

Katzenaugen

Katzen sind „Augentiere".
Sie können sehr gut sehen.

Bei hellem Licht sind die **Pupillen** zu schmalen Schlitzen verengt.
Auf diese Weise kommt gerade so viel Licht
in die Augen der Katze, dass sie gut sehen kann.
Deshalb können Katzen auch direkt in die Sonne schauen,
ohne zu blinzeln.

Bei Dunkelheit verändern sich die Pupillen.
Sie werden weit und rund.
So kann genug Licht in die Augen der Katze gelangen.

Katzen haben Schlitzpupillen.   Im Dunkeln werden die Pupillen rund.

Im Inneren der Augen befinden sich Schichten,
die wie Spiegel wirken.
Werden die Augen der Katze in der Dunkelheit
zum Beispiel von einem Auto angestrahlt,
wird das helle Licht zurückgeworfen.
Daher leuchten die Augen der Katze
in der Dunkelheit.

1 Informiere dich über das Gehör, den Geruchssinn oder den Tastsinn von Katzen. Gestalte ein Plakat.

2 An einem Fahrrad gibt es „Katzenaugen".
Finde heraus, warum die Teile so heißen.

Nachwuchs bei den Katzen

Katzen werden zweimal im Jahr **rollig**,
das bedeutet paarungsbereit.
Nach der **Paarung** mit einem Kater
wachsen im Bauch der Katze
die Jungen heran.
Die Katze ist nun **trächtig**.

Nach etwa neun Wochen Tragzeit
kommen die **Jungen** zur Welt.
Ein **Wurf** besteht aus vier bis sechs Jungen.
Die neugeborenen Kätzchen
sind noch blind.

Nach acht bis zehn Tagen öffnen sie
die Augen und lernen laufen.
Mit fünf bis sechs Wochen beginnen
die Jungen ihre Umgebung zu erforschen.
Sie sind lebhaft und verspielt.

Die Kätzchen saugen
in den ersten acht Wochen Milch
aus den **Zitzen** der Mutter.
Sie fressen nach vier Wochen
auch schon festeres Futter.

1 Erkläre die Wörter „trächtig" und „Wurf".

Welche Tiere sind ebenfalls bei ihrer Geburt blind?
Informiere dich in Sachbüchern oder im Internet.

Eine Katze als Haustier?

Katzen müssen spielen.
So halten sie sich fit. Katzenhalter sollten dafür jeden Tag Zeit haben.

Katzen brauchen für ihre Toilette einen ruhigen Ort.
Sie muss jeden Tag gereinigt werden.

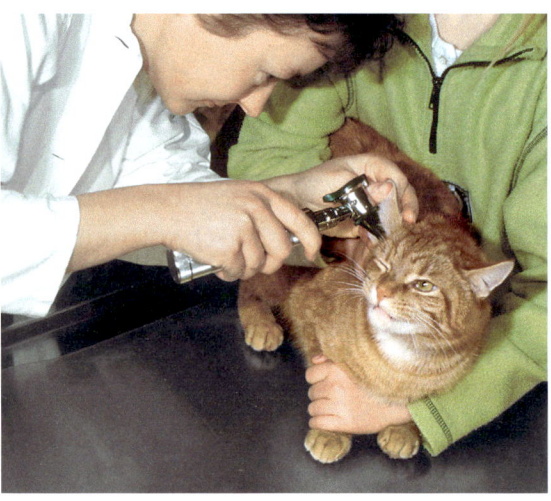

Auch Hauskatzen gehen gerne draußen auf Jagd. Dennoch müssen sie täglich gefüttert werden.

Einmal im Jahr sollte die Katze von einem Tierarzt untersucht werden. Er entwurmt und impft die Katze auch.

 Das Tierschutzgesetz verbietet es, Haustiere auszusetzen.

1 Notiere: Was muss ein Katzenhalter über die Pflege und Haltung seiner Katze wissen?

2 Erstelle einen Fragebogen für Menschen, die sich eine Katze wünschen. Denke an Zeit und Platz für das Tier …

Mach mit!

Katzenaugen-Detektive

Ihr braucht:

Fahrrad, Taschenlampe, einen dunklen Raum

- Strahlt das Fahrrad im dunklen Raum mit der Taschenlampe an. Wo findet ihr „Katzenaugen"?
- Führt den Versuch nun bei Helligkeit durch. Was könnt ihr feststellen? Erklärt.

Katzenschau

Sammelt Katzenbilder.

Informiert euch über verschiedene Rassen.

Gestaltet ein Plakat.

Steckbrief

Informiere dich über ein Haustier genauer.

Erstelle einen Steckbrief.

Tierbericht

Befrage einen Tierhalter deines Wunschtieres:

- nach dem Verhalten des Tieres,
- nach lustigen oder aufregenden Erlebnissen.

Neu – alt – neu

Überall Abfall?

Das Leben einer Buche

Bäume leben unterschiedlich lang.
Buchen werden 150 bis 300 Jahre alt.

Durch **Sturm**, **Schädlinge** und **Pilze**
kann eine Buche auch früher absterben.

Der tote Baum ist aber kein „Abfall".
Er wird nach und nach zu **Erde**.
So bleibt der Baum Teil der Natur.
Diese Erde liefert Nahrung
für nachwachsende Bäume.

① Der Sturm hat eine Buche entwurzelt.
   Der Baum ist umgestürzt.

② Nach einigen Jahren
   haben kleine Tiere, Pflanzen,
   Pilze, Wind und Wasser
   das Holz und die Rinde zersetzt.

③ Über viele Jahre
   geht die Zersetzung weiter.
   Es entsteht Humus.
   Das ist fruchtbare Erde.

④ In diesen Humus fallen Bucheckern.
   Manchmal keimt daraus
   ein neuer kleiner Baum.

⑤ Das kleine Bäumchen entwickelt sich
   ganz langsam
   zu einem großen Baum.

⑥ Wenn die alte Buche einmal abstirbt,
   beginnt der Kreislauf von vorn.

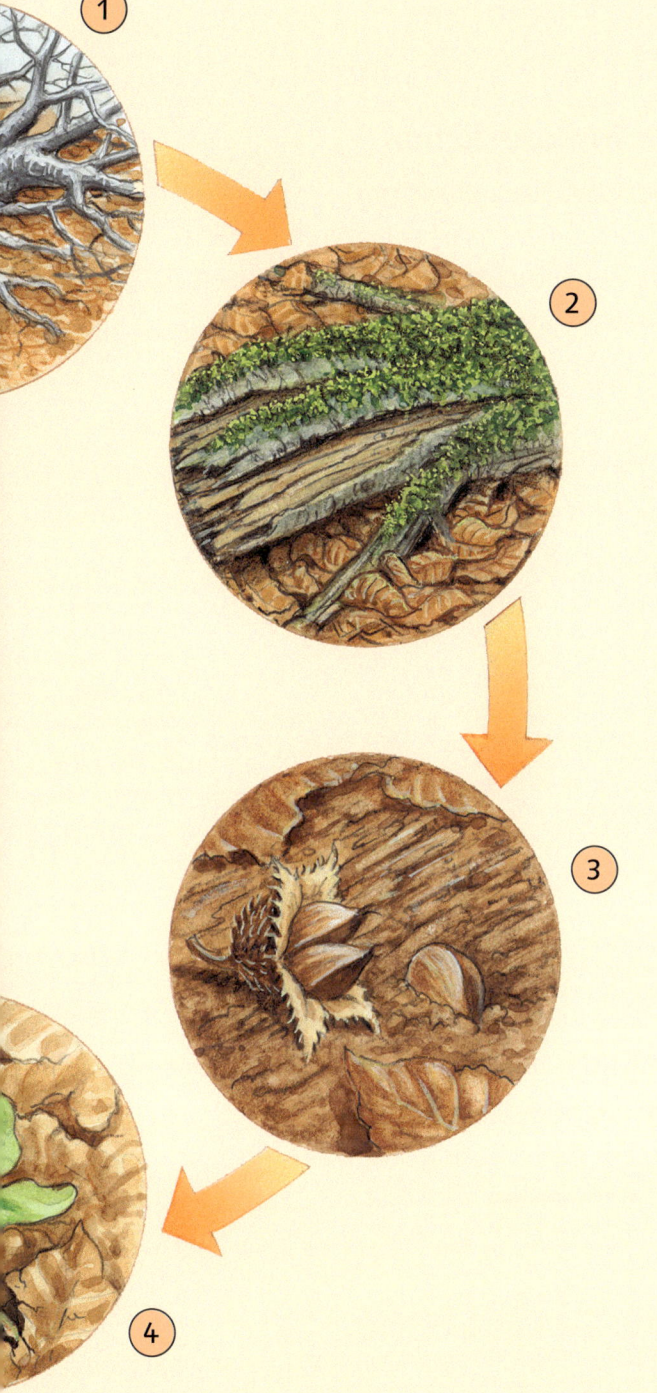

Passt das zusammen?

Menschen hinterlassen viel **Abfall**. Manchmal auch einfach so in der Natur. Kann die Natur auch diesen „Abfall" verwerten?

Jeder Mensch in Deutschland hinterlässt im Jahr bis zu 500 kg Abfall. Das ist ungefähr so viel, wie alle Kinder deiner Klasse zusammen wiegen.

All dieser Abfall muss beseitigt werden.

1 Schreibe einen Tag lang auf, welcher Abfall bei dir zu Hause entsteht.

2 Vermute: Welcher Abfall kann, wie bei der Buche, wiederverwertet werden? Lege dazu eine Tabelle an.

3 Überlegt gemeinsam: Was bedeutet viel Abfall für die Natur und den Menschen?

Müll vermeiden

Jeder kann helfen, dass weniger **Müll** entsteht.
Du kannst Sachen mehrmals nutzen, um Müll zu vermeiden.

Trinkflasche statt Trinkpäckchen

Deine Trinkflasche benutzt du viele Male.
Ein Trinkpäckchen wirfst du weg. Es muss gesammelt,
gereinigt und in einzelne Schichten getrennt werden.
Das kostet viel Arbeit und Geld.

Frühstücksdose statt Plastikbeutel

Deine Frühstücksdose hält sehr lange.
Einen Plastikbeutel wirfst du meist in den Müll,
weil du ihn schlecht reinigen kannst.

Nachfüllpackung statt kleiner Verpackung

Es gibt Verpackungen für Klebstoff und Wasserfarben,
die man immer wieder auffüllen kann.
Das spart Geld.

Stoffbeutel statt Plastiktüte

Plastiktüten werden häufig
nach ihrem Gebrauch weggeworfen.
Besser ist ein Stoffbeutel aus Baumwolle oder Jute.
Er kann sehr oft genutzt werden.

Großpackung statt Einzelpackung

Oft kann man Süßigkeiten in Großpackungen kaufen.
Im Regal liegt das gleiche Produkt
manchmal auch in Einzelpackungen.
Sie ergeben viel Verpackungsmüll.

1 Berichte: Welche Möglichkeit zur Müllvermeidung nutzt du schon?
Welche Möglichkeit möchtest du ausprobieren?

Müll trennen

Nicht immer kann Müll vermieden werden.
Müll sollte dann getrennt gesammelt werden.
So können **Rohstoffe** wiederverwertet werden.
Die Wiederverwertung nennt man **Recycling**.

Papier und **Karton** können recycelt werden.

Glas muss getrennt nach Farben sortiert werden. Es gibt Behälter für Weißglas und für Buntglas.

Biomüll verrottet und wird zu Erde.

Kunststoff und **Metall** werden gesammelt und wiederverwertet.

Sondermüll ist meist giftig. Für diesen Müll gibt es besondere Sammelstellen.

Sperrmüll ist Müll, der nicht in eine Mülltonne passt. Er wird zerkleinert und verbrannt.

Restmüll ist der Abfall, der nicht wiederverwertet werden kann.

Defekte Elektrogeräte werden gesammelt und zerlegt. Wiederverwertbare Rohstoffe werden aussortiert.

1 Beobachte die Mülltrennung bei dir zu Hause. Berichte darüber.

Altpapier wird recycelt

Lastwagen holen das gesammelte **Altpapier** und die **Kartons** ① regelmäßig ab und bringen sie zur Sammelstelle.

In der **Sammelstelle** werden Altpapier und Karton getrennt voneinander sortiert. Das Altpapier und der Karton werden zerkleinert und zu großen Ballen gepresst ②. Die Ballen werden zur Papierfabrik gebracht.

In der **Papierfabrik** wird das Altpapier in Wasser aufgeweicht und so in seine Fasern zerlegt. Druckfarbe und Heftklammern werden im Pulper ③ entfernt.
Frische Fasern aus Holz (Zellulose) werden dazugegeben.

① Altpapier und Karton
② Papierballen
③ Pulper

1 Berichte: Wie wird bei euch Papier gesammelt?

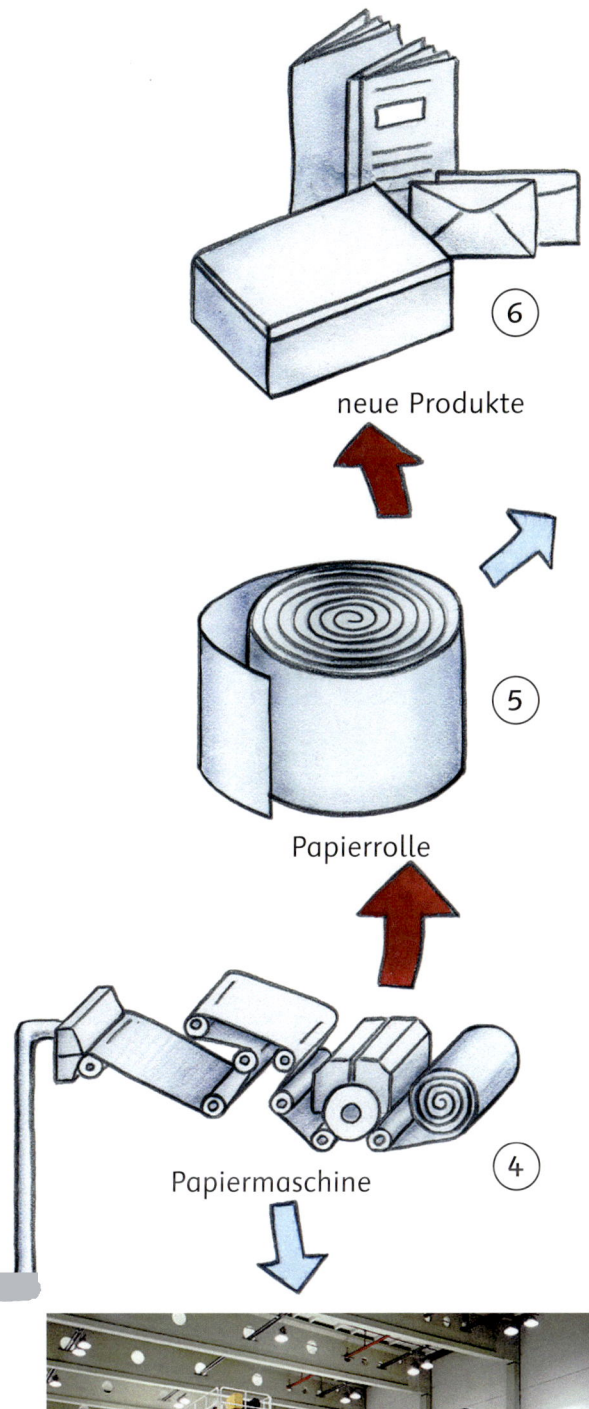

neue Produkte

Papierrolle

Papiermaschine

Der gereinigte Faserbrei kommt dann in eine riesige **Papiermaschine** ④ und wird in sieben Schritten bearbeitet.

> Papiermaschinen sind etwa so groß wie zwei Fußballfelder. Eine Papierfaser braucht nur zehn Sekunden auf ihrem Weg durch die Papiermaschine.

In der Papiermaschine ④

1. **Entwässern:** Dem Papierbrei wird das Wasser entzogen.

2. **Leimen:** Dem Papier wird Leim zugesetzt.

3. **Formen:** Der Papierbrei wird gleichmäßig auf einer Bahn verteilt.

4. **Pressen:** Große Walzen pressen den feuchten Papierbrei glatt.

5. **Trocknen:** Der gepresste, glatte Papierbrei wird getrocknet.

6. **Glätten:** Die Papierbahn wird noch einmal mit Walzen geglättet.

7. **Aufwickeln:** Am Ende der Maschine wird Papier auf Rollen ⑤ gewickelt. Daraus können neue Schreibhefte und Zeitungen hergestellt werden ⑥.

Papierqualität und Umweltschutz

Es gibt verschiedene **Papiersorten**.
Sie unterscheiden sich durch die Qualität der **Rohstoffe**.

Umweltschutzpapier wird aus Altpapier hergestellt.
Für die Herstellung von **Feinpapier**
wird nur Holz als Rohstoff genutzt.
Das Feinpapier ist haltbarer, reißfester und saugfähiger.

Bei der **Herstellung** von Papier
spielen auch der Stromverbrauch
und der Verbrauch an Wasser
eine wichtige Rolle.

Das zeigt das folgende Schaubild.

Der blaue Engel kennzeichnet besonders umweltfreundlich hergestellte Produkte.

Herstellung von 1 kg Papier für 25 Schreibhefte	
Feinpapier	Umweltschutzpapier
2,5 kg Holz	Altpapier
440 Liter Wasser	2 Liter Wasser
Stromverbrauch	Stromverbrauch

> Zu fällen
> einen
> schönen Baum,
> braucht's
> eine halbe Stunde
> kaum.
>
> Zu wachsen,
> bis man ihn bewundert,
> braucht er, bedenke es,
> ein Jahrhundert.
>
> Eugen Roth

1 Wertet das Schaubild aus.
Begründet: Warum spricht man von Umweltschutzpapier?

2 Notiere, wofür du hochwertiges Papier brauchst
und wofür du Umweltschutzpapier verwenden kannst.

Male zum Reim von Eugen Roth ein Bild.

Mach mit!

Papier selbst herstellen

Du brauchst:

- Altpapier
- Stabmixer
- großes Gefäß
- Schöpfrahmen (Sieb)
- saugfähige Stofftücher

So wird es gemacht:

Zerreiße Altpapier in kleine Schnipsel. Weiche sie in Wasser ein und lasse sie zwei Tage stehen.

Verrühre die Schnipsel mit dem Mixer zu Brei. Fülle den Papierbrei danach in ein großes Gefäß um.

Rühre den Brei um und gieße lauwarmes Wasser hinzu. Es soll ein wässriger Brei entstehen.

Tauche in den Brei nun den Schöpfrahmen und hebe ihn langsam heraus. Der Brei muss gut auf dem Rahmen verteilt sein.

Wenn das Wasser abgetropft ist, drehe den Rahmen um. Drücke das Papier nun sehr vorsichtig auf dem Tuch aus.

Hebe den Schöpfrahmen ab. Lege zum Schluss das feuchte Papier zum Trocknen aus. Habe etwas Geduld.

Winter

Amseln im Winter

Im Winter brauchen die Amseln
viel Zeit für die Suche nach **Nahrung**.
Sie finden nun keine Insekten mehr und ernähren sich von Früchten,
wie Hagebutten und Vogelbeeren. Liegt viel Schnee,
dann können die Vögel auch gefüttert werden. Amseln fressen Rosinen,
Hafer- und Weizenflocken oder Apfelstückchen.
Am Vogelhaus lassen sich Amseln gut beobachten.

 Welche Vögel kannst du am Vogelhäuschen noch sehen?

Eine Futterglocke bauen

Du brauchst:
- Jogurtbecher
- Schere
- ein Stück Seil
- Streichholz (ohne Kuppe)
- Vogelfutter: Samen, Nüsse, Rosinen …
- geschmolzenes Schmalz

①

Bohre mit der Schere ein Loch
in den Becherboden. Befestige das Seil.

②

Erhitze das Schmalz.
Mische das heiße Schmalz
mit dem Vogelfutter.
Sei dabei besonders
vorsichtig.

③

Fülle die Mischung
aus Schmalz
und Vogelfutter
in den Becher.
Lass alles abkühlen.

④

Hänge die Futterglocke
in einen Baum
im Garten.
Beobachte, was passiert.

Warum frieren Amseln nicht?

Bei Kälte plustern die Amseln ihre Federn auf.
Dadurch haben sie ganz viel **Luft** zwischen den Federn.
Die Luft wird vom Körper erwärmt. Durch die Federn
kann sie nicht entweichen. So wird den Vögeln nicht so schnell kalt.
Die Amseln machen sich auch ganz klein. So verlieren sie weniger **Wärme**.
Die meiste Wärme verlieren die Vögel über die Beine.
Deshalb ziehen sie die Beine im Winter nah an den Körper heran.

So schützt sich ein Vogel vor der Kälte.

So schützt sich ein Mensch vor der Kälte.

Bastelanleitung zur Aufführung „Raben im Schnee" (S. 45)

- Schneide die Vorlage aus.
- Falte die Flügel nach außen.
- Klebe nun beide Vogelkörper aufeinander.
- Führe die Fäden mit einer Nadel jeweils durch die Flügel und den Kopf.
- Befestige die Enden am Stöckchen.

Du brauchst: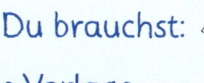
- Vorlage
- Schere
- Klebestift
- Nähnadel
- drei Fäden
- ein Stöckchen

 Aus mehreren Vögeln könnt ihr auch ein Mobile bauen.

Raben im Schnee

Rabenflug im Schnee mit Raben, 1935

Das Winterbild hat **Otto Dix** (1891–1969) gemalt.
Darauf gibt es viel zu entdecken.

Betrachte das Bild und erzähle dazu:

- Wie sieht die Landschaft aus?
- Was machen die Raben?
- Warum kommen sie im Sturz- und Gleitflug angeflogen?
- Wo werden sie landen? Was werden sie dann tun?

Zeichne ein eigenes Bild mit Raben im Schnee.

Klingende Winterlandschaft

- Sammelt Wörter, mit denen ihr die Stimmung auf dem Bild von Otto Dix beschreiben könnt.
  kalt, dunkel ...

- Versucht mit Instrumenten diese Stimmung darzustellen.

Klingende Flüge

- Versuche mit Instrumenten
  - einen Sturzflug,
  - einen Gleitflug und
  - einen flatternden Flügelschlag

  hörbar zu machen.

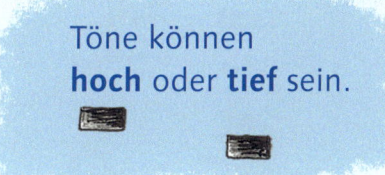

Töne können **hoch** oder **tief** sein.

So könntest du einen Sturzflug aufschreiben: hoch
                                                                tief

- Wie sehen die anderen Flüge aus?
  Schreibe auch sie auf.

- Du spielst einen Flug mit einem Instrument.
  Dein Partner hört, welchen Flug du gespielt hast.

Aufführung zu „Raben im Schnee"

Teilt die Klasse in drei Gruppen:
- Die erste Gruppe musiziert die Stimmung auf dem Bild.
- Die zweite Gruppe spielt die verschiedenen Flüge hinein.
- Die dritte Gruppe bewegt die Raben dazu.

Zeiten und Räume

Uhren messen die Zeit

Früher

Schon vor langer Zeit erfanden die Menschen Zeitmesser:
Sonnenuhren, **Wasseruhren**, **Kerzenuhren** und **Sanduhren**.
Mit ihnen ließ sich die Zeit nur ungenau bestimmen.

Das Zifferblatt
zeigt mit Ziffern
12 Stunden an und mit
Strichen 60 Minuten.

Wasseruhr

Sanduhr

Sonnenuhr

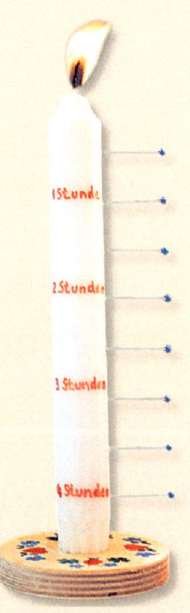

Kerzenuhr

Der Minutenzeiger
wandert in einer Stunde
um das Zifferblatt.
Eine Stunde hat 60 Minuten.

Der Stundenzeiger

wandert in einer Stunde
von einer Ziffer zur nächsten.
Weil ein Tag 24 Stunden hat,
wandert der Zeiger zweimal
um das Zifferblatt.

Heute

Heute halten sich die Menschen
an genaue Zeiten.
Es gibt Uhren für viele Zwecke.

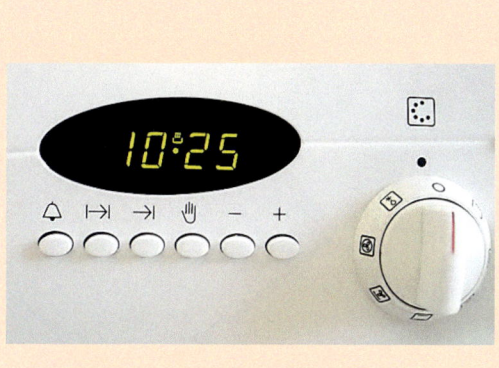

Der Sekundenzeiger

wandert in einer Minute
um das Zifferblatt.
Eine Minute hat 60 Sekunden.

1 Welche Uhren kennst du?
2 Betrachte die Bilder: Was ist das Besondere an diesen Uhren?

Tag und Nacht

Ein **Tag** hat 24 Stunden.
Einige Stunden des Tages verbringst du mit vielen Aktivitäten:
du gehst in die Schule, isst oder spielst. In der **Nacht** schläfst du.
Uhren helfen dir, die genaue Zeit zu bestimmen.

Tiere richten ihr Leben nach ihrer inneren Uhr aus.
Sie orientieren sich auch am Sonnenaufgang und Sonnenuntergang.

1 Einige Menschen arbeiten nachts. Informiere dich, in welchen Berufen „rund um die Uhr" gearbeitet wird. Gestalte ein Plakat.

 Informiere dich über Tiere, die in der Nacht aktiv sind.

 48   S. 8/9

Verschiedene Tagesabläufe

Kinder und Erwachsene haben unterschiedliche **Tagesabläufe**.
Manche Sachen unternehmen sie aber auch gemeinsam.
Hier sind die Tagesabläufe von Niklas und seiner Mutter zu sehen.

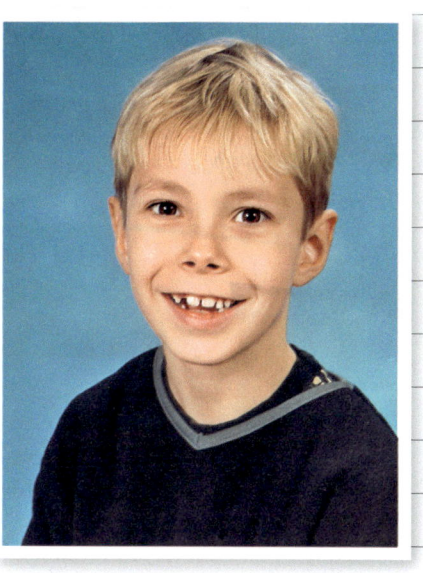

6.30	Aufstehen
7.00	Frühstücken
8.00	Schule
13.00	Mittagessen in der Schule
14.00	Hausaufgaben machen
16.00	Fußballtraining
18.30	Abendessen zu Hause
19.00	Fernsehen oder Spielen
20.00	Duschen und Zähneputzen
20.30	Ins Bett gehen

6.00	Aufstehen
7.00	Frühstücken
8.30	Arbeitsbeginn im Büro
13.00	Mittagessen in der Firma
14.00	Besprechung mit Kollegen
16.00	Niklas zum Fußballtraining begleiten
18.30	Abendessen zu Hause
19.00	Hausarbeit
20.00	Fernsehen oder Lesen
23.00	Ins Bett gehen

1 Vergleiche die Tagesabläufe.
Was tun Niklas und seine Mutter gemeinsam? Was tut jeder für sich allein?

2 Schreibe deinen eigenen Tagesablauf auf.

3 Unterstreiche, was du mit deinen Eltern gemeinsam tust.

Die Jahreszeiten

Im **Frühling** bekommen die Laubbäume ihre ersten Blätter.
Manche Pflanzen blühen sogar schon.

Vögel beginnen zu singen und bauen ihre Nester.
Viele Tiere bringen ihre Jungen zur Welt.

Im **Winter** wirkt die Natur manchmal wie abgestorben.

Die Laubbäume sind kahl.
Die meisten Pflanzen legen eine „Ruhepause" ein.

Einige Tiere verkriechen sich.
Sie halten Winterruhe oder Winterschlaf.
Andere sind ständig auf der Suche nach Nahrung.

Bis zum **Sommer** sind die Blätter der Laubbäume kräftig ausgetrieben.

Nun reifen ihre Früchte.

Die Frühblüher sind bereits verblüht.
Jetzt blühen andere Pflanzen.

Jungtiere erkunden ihre Umgebung.
Viele Insekten schwirren umher.

Im **Herbst** verfärbt sich das Laub und fällt ab.

Einige Pflanzen welken.
Sie überwintern im Boden.
Andere Pflanzen bilden Samen aus.

Auch viele Tiere bereiten sich auf den Winter vor.

1 Erzähle: Wie verändert sich die Natur im Laufe des Jahres?
2 Wie verhalten sich die Menschen in den verschiedenen Jahreszeiten?

Der Kalender

Der **Kalender** gibt einen Überblick
über die Tage, Wochen und Monate eines Jahres.

Sieben Tage hat eine Woche:
Montag, Dienstag, Mittwoch, Donnerstag, Freitag, Samstag, Sonntag.
Das Jahr hat 12 Monate. Sie sind unterschiedlich lang.
12 Monate sind etwa 52 Wochen.
Ein Monat hat unterschiedlich viele Tage. So kannst du dir die Anzahl merken.

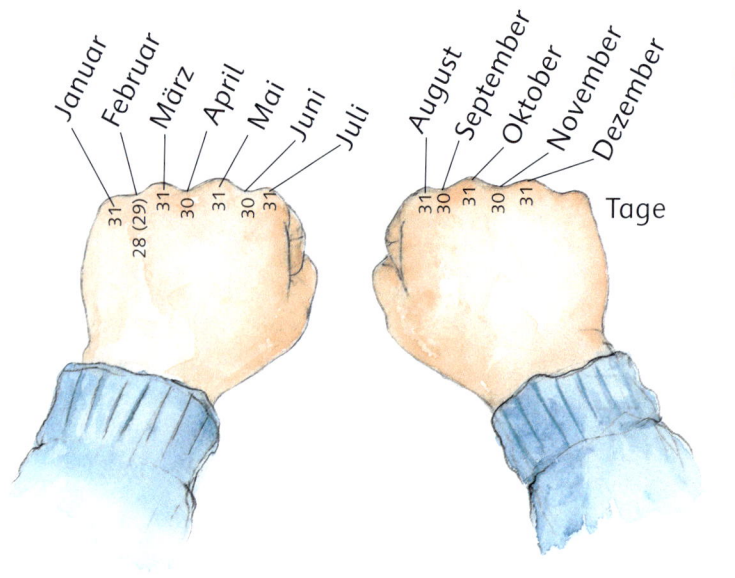

 Die alten Römer begannen das Jahr mit dem Monat März und beendeten es mit dem Februar. Deshalb hat er die wenigsten Tage.

1 Bringt Kalender mit.
Erklärt, wie sie aufgebaut sind.

2 Erstellt Quizfragen zu euren Kalendern.
Zum Beispiel: Wie viele Tage hat der Mai?
Schreibt die Lösung auf die Rückseite.

Sanduhr

Du brauchst:
- zwei kleine Flaschen mit Schraubverschluss
- Klebeband
- einen dünnen Handbohrer
- Vogelsand
- Uhr
- Stift

Zeitdose

Schreibe Ereignisse aus deinem Leben auf Kärtchen.

Binde sie zeitlich sortiert an eine Schnur.

Wie die Zeit vergeht

Wann vergeht für dich die Zeit langsam? Wann schnell?

Spielt die Szenen nach. Sprecht darüber.

Geburtstagskalender

Trage in einen Kalender die Geburtstage deiner Verwandten und Freunde ein.

Das bin ich

Das Auge

Unsere Augen sind wichtige **Sinnesorgane**.
So sind sie aufgebaut:

Die **Augenbraue** stoppt Wasser und Schweiß.

Das **Lid** hält das Auge feucht und sauber. Es schließt sich bei Gefahr für das Auge.

Die **Wimpern** schützen vor Staub.

Durch die **Pupille** gelangen Bilder in das Innere des Auges. Ein **Sehnerv** schickt die Informationen zum Gehirn.

Die **Iris** ist ein beweglicher Ring.
Bei Helligkeit verengt sich die Iris.
So schützt sie das Auge vor grellem Licht.
Bei Dunkelheit weitet sich die Iris.
So kann mehr Licht durch die Pupille
in das Auge gelangen.

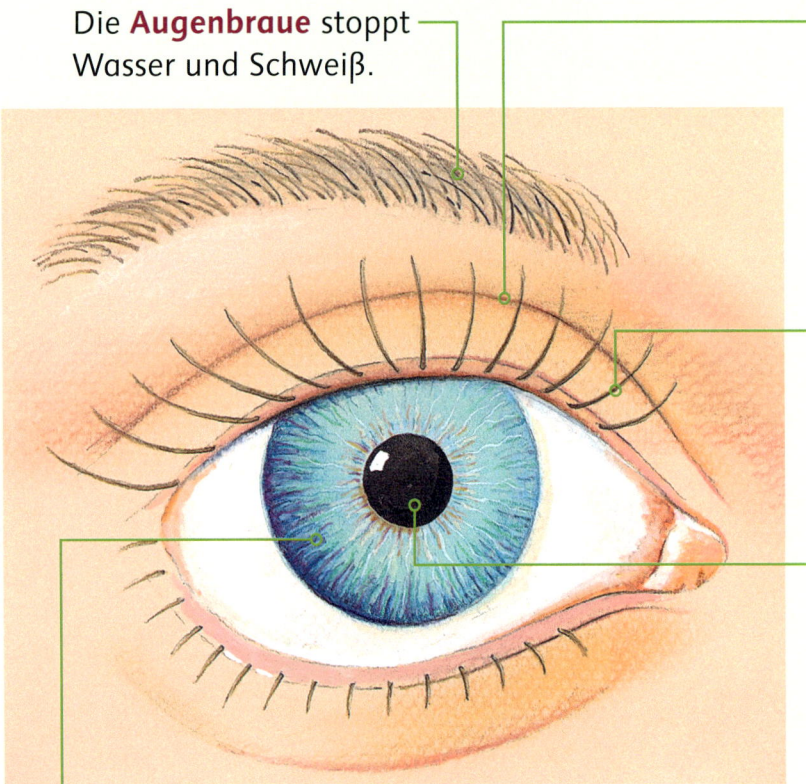

Von außen sieht man nicht, dass das Auge kugelförmig ist. Der **Augapfel** liegt sicher in der **Augenhöhle**.

1 Betrachte dein Auge im Spiegel. Zeichne und beschrifte es.
2 Verbinde dir die Augen. Lass dich von einem anderen Kind herumführen. Was stellst du fest?

René Magritte (1898–1967)
hat Rätsel gemalt.
Der Maler sagte:
„Jedes Ding, das wir sehen,
verdeckt ein anderes."

Wir können uns aber
die fehlenden Teile im Bild vorstellen.

La carte blanche, 1965

Auf diesem Bild von Magritte
kommt eine Frau auf einem Pferd
aus dem Wald geritten.
Doch halt: Hier stimmt etwas nicht!

La condition humaine, 1933

Hier malte Magritte eine Leinwand,
die vor einem großen Fenster steht.
Draußen siehst du eine Landschaft.
Wo aber ist der Baum?

3 Schau dir das Pferd mit der Reiterin an.
Was siehst du? Was ist verdeckt?

4 Wo siehst du den Baum auf dem rechten Bild?
Steht er draußen oder ist er auf die Leinwand gemalt?

55

Das Ohr

Ob Musik, Flüstern oder Hundegebell –
alle Töne, Klänge und Geräusche sind **Schallwellen**.
Sie gelangen durch die Luft in das **Ohr**.
Ein großer Teil des Ohrs liegt im Innern des Kopfes.

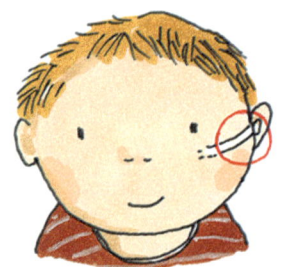

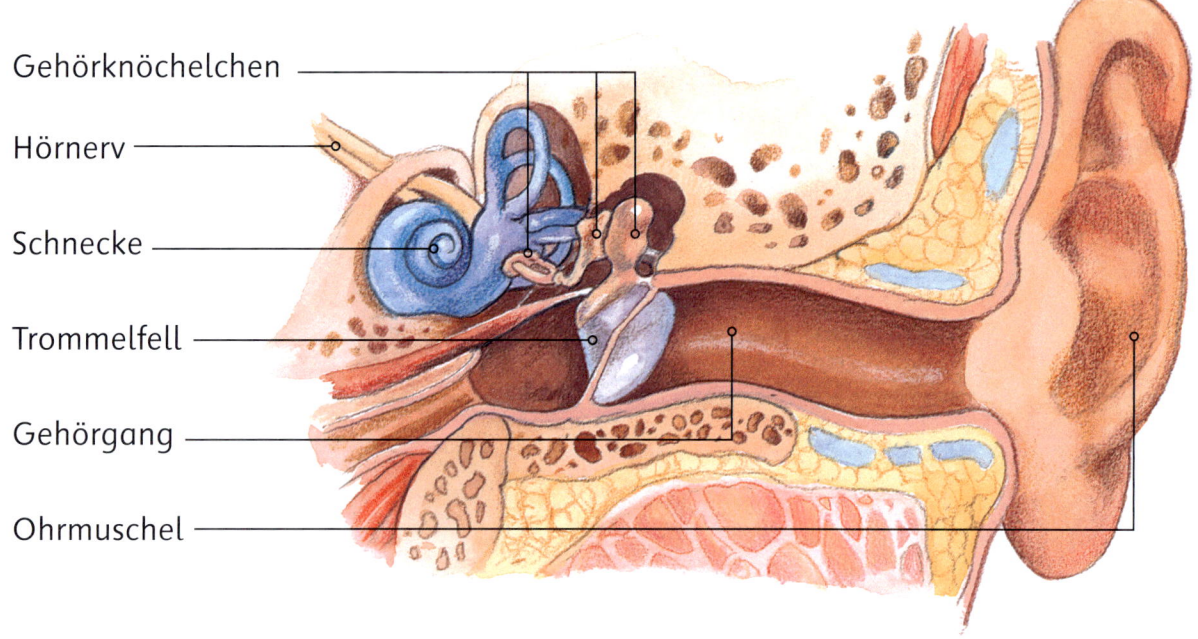

- Gehörknöchelchen
- Hörnerv
- Schnecke
- Trommelfell
- Gehörgang
- Ohrmuschel

Die **Ohrmuschel** nimmt Schallwellen auf.
Sie werden durch den **Gehörgang** geleitet.
Das **Trommelfell** ist eine dünne, empfindliche Haut.
Es wird durch die Schallwellen zum Schwingen gebracht.
Kleine **Gehörknöchelchen** nehmen die Schwingungen auf.
Die **Schnecke** gibt über den **Hörnerv** die Signale an das Gehirn.

Manche Menschen können schlecht hören.
Alte Menschen sind häufiger schwerhörig.
Manchmal brauchen auch Kinder ein **Hörgerät**.

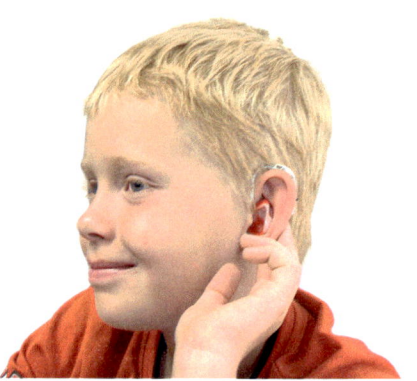

1 Erkläre, warum die Teile des Ohrs so heißen:

Ohrmuschel   Gehörgang   Trommelfell   Schnecke

2 Schreibe auf: Wobei hat dein Gehör dir schon geholfen?

Das Richtungshören

Mit den Augen nimmst du
deine Umgebung sehr schnell wahr.
Mit Hilfe der Ohren erkennst du,
aus welcher Richtung
Töne, Klänge und Geräusche kommen.
Das nennt man **Richtungshören**.
Dafür brauchst du beide Ohren.

Die **Schallwellen** brauchen Zeit,
um durch die Luft an das Ohr zu kommen.
Darum sind Flugzeuge häufig
erst zu sehen und danach zu hören.

Im Straßenverkehr ist das Richtungshören
für deine Sicherheit sehr wichtig.
Mit den Ohren hörst du,
dass ein Auto kommt, auch wenn du es
noch nicht sehen kannst.

1 Stellt euch weit voneinander entfernt auf.
Beobachtet: Was passiert, wenn jemand die Startklappe benutzt?

  300 Meter Abstand

2 Erprobt das Richtungshören.
Bildet einen Kreis.
Ein Kind steht mit verbundenen Augen
in der Mitte.
Es muss zeigen,
woher ein Geräusch kommt.

Der Mund und die Nase

Beim Essen und Trinken
wirken der **Geschmackssinn**, der **Tastsinn**
und der **Geruchssinn** zusammen.
Ob etwas schmeckt oder nicht,
ist von Mensch zu Mensch verschieden.

Wir können mit Hilfe der Zunge
fünf Geschmacksrichtungen unterscheiden:
süß, **sauer**, **salzig**, **bitter**
und **umami** (schmackhaft, köstlich).

Der Geschmackssinn warnt auch
vor giftigen oder verdorbenen Speisen.
Diese schmecken häufig bitter.
Schon kleine Kinder mögen deshalb
nichts Bitteres.

Mit dem **Tastsinn** der Zunge
können wir die Oberfläche
unseres Essens fühlen:
hart, weich, rau, glatt, nass, trocken …

Über den Tastsinn bekommt das Gehirn
auch Informationen zur Größe, Form und zum Gewicht des Essens.

1 Iss etwas. Halte dir dabei die Nase zu.
Was stellst du fest?

Die Nase ist ein sehr empfindliches **Sinnesorgan**.
Sie kann riechen und hilft auch noch beim Schmecken.

Im oberen Teil der Nase ist ein kleines **Riechfeld**,
das Gerüche wahrnimmt.
Von dort bekommt das Gehirn Informationen.

So ist auch die Nase beim Essen und Trinken beteiligt.
Das merkst du: Wenn etwas gut duftet,
läuft dir schon vor dem Essen
das Wasser im Mund zusammen.

Mit Schnupfen oder zugehaltener Nase
können wir viele Nahrungsmittel
nicht gut schmecken.

Ein guter **Geruchssinn** warnt uns
vor verdorbener Nahrung, vor Feuer
und manchen giftigen Gasen.

Duftprobe

Du brauchst:

Duftproben (Zitrone, Pfefferminz …)
verschließbare Dosen

Fülle verschiedene Duftproben in kleine verschließbare Dosen.

Lass andere Kinder mit verbundenen Augen an den Dosen riechen
und die Düfte erraten.

2   Was riechst du gern?
    Welcher Geruch ist dir unangenehm? Erstelle eine Liste.

3   In welchen Situationen hat dir dein Geschmacks- und Geruchssinn
    schon einmal geholfen?

Die Haut

Die **Haut** ist ein **Sinnesorgan**.
Mit ihrer Hilfe spüren wir Kälte und Wärme,
leichte Berührung und starken Druck.
Nerven leiten diese Informationen zum **Gehirn**.

Die Haut ist außerdem eine Hülle für den ganzen Körper.
Sie schützt die inneren **Organe**.

Ein Beispiel: Wenn du dich beim Sport anstrengst,
wird dir warm. Du schwitzt.
Auf der Haut verdunstet der Schweiß.
Dadurch kühlt die Haut ab.
Und das ist gut für den ganzen Körper.
Er würde sonst zu warm werden.

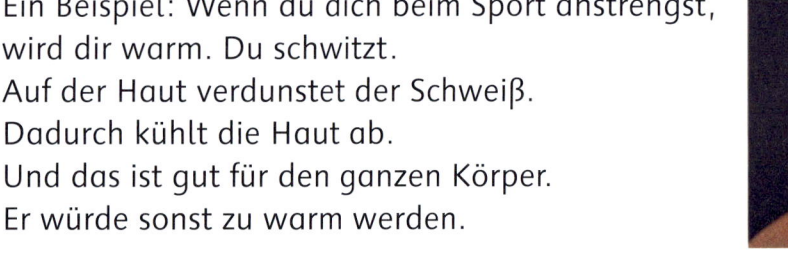

> An den Fingerkuppen hat jeder Mensch anders verlaufende Hautrillen.
> Daran kann man ihn eindeutig wiedererkennen.

1 Ertaste mit geschlossenen Augen Gegenstände mit Händen und Füßen.
Was spürst du?

Macht Fingerabdrücke auf Papier. Schreibt euren Namen dazu.
Vergleicht die Abdrücke miteinander.

Mach mit!

Schalltrommel

Du brauchst:

- Spanne Folie über eine Schüssel.
- Gib Reis darauf.
- Erzeuge Schallwellen. Schlage dazu mit dem Holzlöffel auf das Backblech.

Was entdeckst du?

Fühlbild

Du brauchst:

Kleber, Pappe, Watte, Papierkugeln, Wolle …

Lass dein Bild von einem Kind ertasten.

Strohhalmversuch

- Fasse zwei Strohhalme an den Enden an. Strecke deine Arme möglichst weit nach vorne. Nimm die Hände weit auseinander.
- Schließe ein Auge. Bewege nun die Strohhalme aufeinander zu. Was stellst du fest?
- Wiederhole den Versuch mit dem anderen Auge.
- Was passiert, wenn du beide Augen öffnest? Erprobe.

Dosentelefon

Du brauchst:

zwei Konservendosen, Nagelbohrer, 10–12 m dünne Paketschnur

- Bohre in den Dosenboden ein Loch. Lass dir dabei helfen.
- Stecke jedes Schnurende von außen durch das Loch. Mache einen Knoten. Er darf nicht durch das Loch rutschen.

Nun kannst du „telefonieren". Tipp: Die Schnur muss gespannt sein.

AH S. 33

www.unterwegs

Was sagen uns die Zeichen?

Schilder und **Zeichen** sind so einfach wie möglich gestaltet.

Das Wesentliche ist als Symbol (Zeichen) dargestellt.
So sind sie für alle Menschen verständlich,
egal, welche Sprache sie sprechen.

Die Männchen
des amerikanischen Künstlers
Keith Haring (1958–1990)
sind auch ganz einfache Zeichen.

Sie sind aber nicht so eindeutig.
Jeder liest die Zeichen anders.

1 Berichte: Was sagt dir jedes Bild?

Erfindet Zeichen für eure Schule:
Pausenhof, Musikraum, Turnhalle, Klassenzimmer, WC …

Verkehrszeichen haben unterschiedliche Formen und Farben.
Auch diese Schilder sind einfach zu lesen.

Die Bedeutung der Verkehrszeichen
ist in der **Straßenverkehrsordnung**
(StVO) erklärt.

 Es gibt ungefähr
200 verschiedene Verkehrszeichen.

Dreieckige Zeichen
mit Spitze nach oben
warnen vor einer Gefahr.

Man nennt diese Zeichen
Gefahrzeichen.

Runde Zeichen
mit rotem Rand
zeigen Verbote an.

Man nennt diese Zeichen
Verbotszeichen.

Runde, blaue Zeichen
zeigen Gebote und
Vorschriften an.

Sie weisen darauf hin,
was man darf oder soll.

Man nennt diese Zeichen
Gebotszeichen.

3 Was bedeuten diese Verkehrszeichen?
Schlage in der Straßenverkehrsordnung nach.

Umsicht im Straßenverkehr

Im Straßenverkehr musst du dich mit den **Verkehrszeichen** und der **Straßenverkehrsordnung** auskennen.
Schließlich bist du mit vielen anderen gemeinsam auf der Straße.

> **Aus der Straßenverkehrsordnung (StVO)**
> § 1 Die Teilnahme am Straßenverkehr erfordert ständige Vorsicht und gegenseitige Rücksicht.
> § 2 Kinder bis zum vollendeten 8. Lebensjahr müssen, ältere Kinder bis zum vollendeten 10. Lebensjahr dürfen mit Fahrrädern Gehwege benutzen …
> Beim Überqueren einer Fahrbahn müssen die Kinder absteigen.

Sonderweg Fußgänger

Dieser Weg ist nur für Fußgänger. Kinder unter zehn dürfen mit dem Fahrrad fahren.

Sonderweg Radfahrer

Hier bin ich richtig. Nur Radfahren ist erlaubt.

"Hier darf ich spielen. Aber ich achte auf Fahrzeuge."

Verkehrsberuhigter Bereich (Spielstraße)

Getrennter Radweg und Fußweg

"Ich fahre links. Fußgänger gehen auf der rechten Seite."

Gemeinsamer Radweg und Fußweg

"Diesen Weg teilen sich Fußgänger und Radfahrer. Nehmt Rücksicht!"

1 Welche Verkehrszeichen siehst du auf deinem Schulweg? Zeichne sie.

Mit dem Bus unterwegs

Viele Kinder kommen mit dem Bus zur Schule. Hier gilt es, Zeichen und Regeln zu beachten.

Das Zeichen 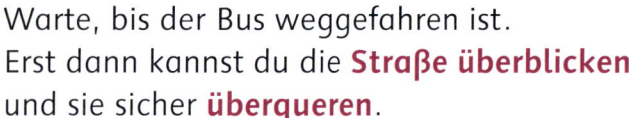 zeigt eine **Bushaltestelle** an. Dort musst du ruhig warten. Am **Fahrplan** kannst du lesen, wann der nächste Bus kommt.

Warte, bis der Bus weggefahren ist. Erst dann kannst du die **Straße überblicken** und sie sicher **überqueren**.

Beim Aussteigen musst du auf andere **Verkehrsteilnehmer** achten.

Beim Einsteigen musst du
deine **Fahrkarte** vorzeigen.
Wenn Fahrgäste noch keine haben,
müssen sie diese bei der **Busfahrerin**
oder beim **Busfahrer** kaufen.

Du musst dich während der Fahrt
hinsetzen. Sind alle Plätze besetzt,
stehst du und hältst dich fest.

Es gibt **Sonderplätze**
zum Beispiel
für behinderte Menschen.

Vor dem Aussteigen musst du
auf den **Halteknopf** drücken.
Dann hält der Bus
an der nächsten Haltestelle.

1 Beobachte das Verhalten der Menschen in einem Bus.
Erzähle davon.

Gefährliche Situationen

Fußgänger werden häufig von anderen Verkehrsteilnehmern nicht deutlich oder gar nicht gesehen.

Kinder im Straßenverkehr		Vom Fahrzeug aus gesehen
	Zwischen parkenden Autos ist das Kind für den Autofahrer ….	
	Der Autofahrer, der aus der Garage kommt, kann …	
	Baustellen sind immer abgesperrt. Die beiden Kinder hinter …	
	Die Beifahrerin möchte aussteigen. Von hinten kommt ein Radfahrer …	

1 Beschreibe die Bilder aus der Sicht der Kinder und der Fahrzeugführer. Was ist gefährlich?

2 Nennt Gefahrenstellen in eurer Schulumgebung. Besprecht, wie ihr euch verhalten müsst.

Mach mit!

Quietschen, knattern, brummen

Nimm Verkehrsgeräusche auf.
Spiele sie der Klasse vor.

Lasst euch im Straßenverkehr von Erwachsenen begleiten.

Verkehrsgeräusche

Stellt euch zu zweit an eine Straße.
Achtet dabei auf eure Sicherheit.
Einer zeigt mit verbundenen Augen,
aus welcher Richtung
Verkehrsgeräusche kommen.
Tauscht die Rollen.

Verkehrszählung

Stelle dich 15 Minuten an eine Straße.
Wähle eine sichere Stelle.

Wie viele Verkehrsteilnehmer kommen vorbei?

- Schätze und trage ein.
- Zähle und trage dabei ein.
- Vergleiche.

	Geschätzt	Gezählt
🚐	10	## ## II
🚲	8	IIII

Sehtest

Prüfe deine Augen.
Kannst du eine Zahl erkennen?

Schreibe sie auf einen Zettel
und vergleiche mit deinen Mitschülern.

Stelle selbst einen solchen Sehtest her.

Frühling

Amseln im Frühling

Im Frühling beginnt
das **Amselpaar** in einem Strauch
oder Baum, manchmal auch
in einem Blumenkasten,
sein **Nest** zu bauen.

Das **Weibchen** legt
vier bis fünf Eier in das Nest.
Die **Eier** der Amseln
sind gut zu erkennen.
Sie haben eine blaue Schale.
Das Weibchen brütet
ungefähr zwei Wochen.
Dann schlüpfen die **Jungen**.

Nach weiteren drei Wochen
sind die Jungen **flügge**.
Sie verlassen das Nest.
Die Jungen können aber
noch nicht so gut fliegen.
Deshalb werden sie noch
weitere drei Wochen
von den Vogeleltern
mit **Nahrung** versorgt.

Was passiert im Ei?

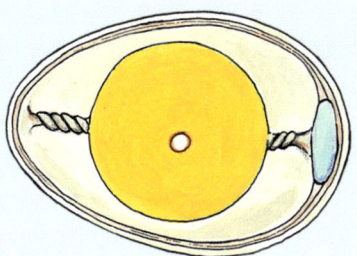

Im Ei entwickelt sich ein **Küken**.
Am Anfang sieht man im Ei
auf dem gelben Eidotter
einen weißen Fleck,
den **Keimfleck**.

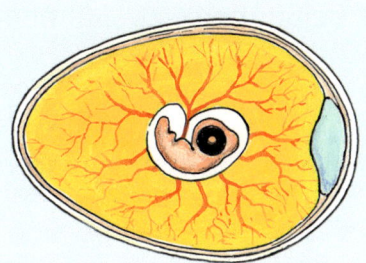

Nach ein bis zwei Tagen
sind der Kopf, das Gehirn
und die großen Augen zu sehen.
Blutgefäße im **Eidotter**
versorgen das Küken.

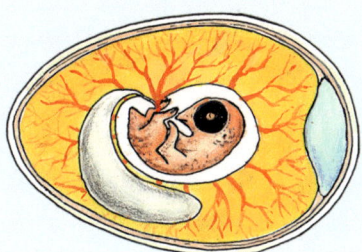

Nach vier Tagen zeigen sich
im Ei Flügel, Beine und die Nase.
Die meisten Organe sind nun
entwickelt und wachsen weiter.

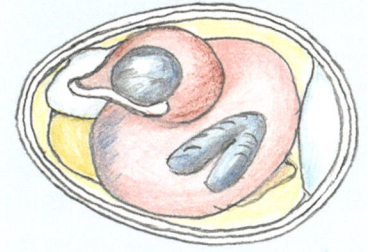

Langsam wird es eng im Ei.
Das Küken schlüpft nach 14 Tagen.
Es stützt sich auf der einen Seite ab
und drückt mit seinem **Eizahn**
die Schale von innen auf.

Die Geschichte von den Küken

Die Küken liegen im Ei und picken.
Die Eierschalen brechen auf.
Die Küken recken die Hälse und schauen aus der Schale.
Bald taumeln sie heraus. Sie schütteln sich im Freien.
Die Küken trippeln hin und her.
Sie picken hier und dort. Bald werden sie mit ihren Flügeln flattern.

 Spielt die Geschichte mit Instrumenten nach.

Ballett der Küklein in den Eierschalen

Der russische Komponist **Modest Mussorgski** (1839–1881)
hat das Schlüpfen der Küken vertont.
Er nannte sein Werk „Ballett der Küklein in den Eierschalen".
Ballett heißt übersetzt „Bühnentanz".

 Hört die Musik. Welche Vorgänge sind vertont?

 Gestaltet einen Tanz zu Mussorgskis Musik.

Ein Nest bauen

Du brauchst:

1,5 m langes Drahtstück, Stroh, Naturbast, Pinzette

Wickle den Draht zehnmal
locker um Hand und Daumen.

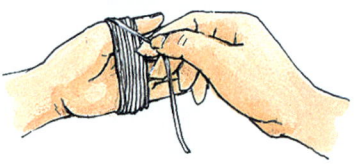

Binde die Drahtschleifen
mit dem Drahtende zusammen.

Teile den Drahtring so auf,
dass fünf Schleifen zusammen sind.

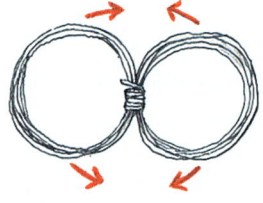

Breite die einzelnen Schleifen
zu einer Art Blume aus.

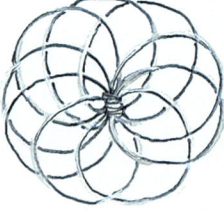

Forme mit Hilfe deiner Faust
aus der Blume ein Körbchen.
Flechte jetzt Stroh oder Naturbast hinein.
Du kannst zum Flechten
eine Pinzette benutzen.

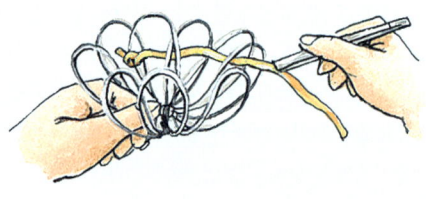

 Erforsche: Wie bauen Amseln ihr Nest?

Ein ungewöhnlicher Nestbau

Das Nest, 2005

Nils-Udo (*1937) hat ein Nest aus 18 Meter hohen Fichtenstämmen und langen Ästen geschaffen.
Innen liegen auf hellem Kies zwei bis drei Meter große, weiße, steinerne Eier.

Nils-Udo gehört zu den bekanntesten **Land-Art-Künstlern** Deutschlands.
Er formt aus Naturmaterialien Kunstwerke.
Deshalb halten seine Kunstwerke nicht lange.
Sie werden fotografiert, um sie später noch anschauen zu können.

Mit seinen Kunstwerken möchte Nils-Udo zeigen,
wie schön die Natur ist und wie wichtig es ist,
die Natur zu schützen.

🧶 Beschreibe das Bild. Was empfindest du?

Wir im Norden

Verschiedene Schulwege

Kurze **Schulwege** gehen Kinder oft zu Fuß.
Für ihre Sicherheit sorgen Gehwege,
manchmal auch eine Ampel oder ein Fußgängerübergang.

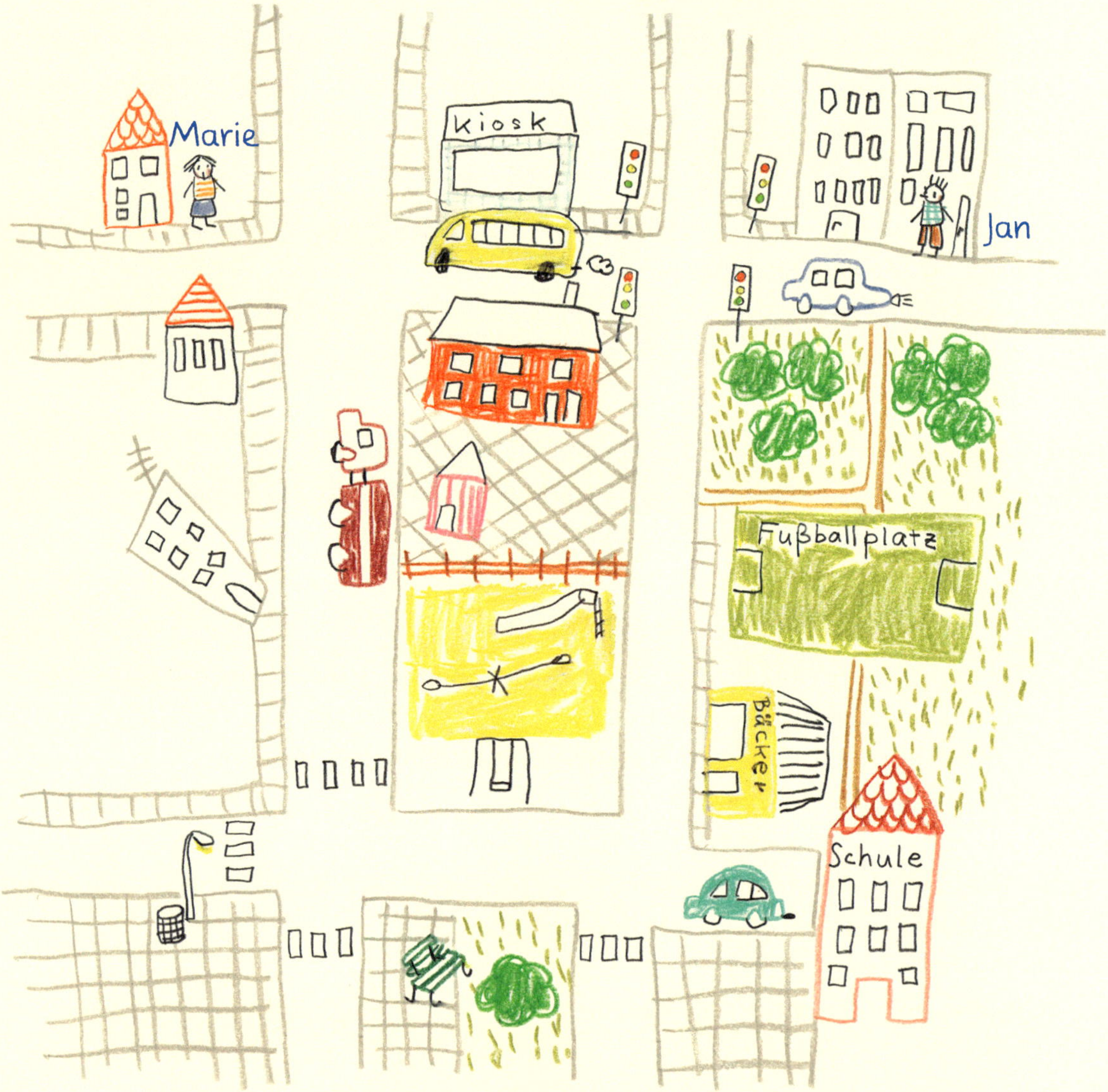

1 Wie kommen Marie, Jan und Kira zur Schule und zurück?
Welchen Weg gehen sie?
Was sehen sie? Was müssen sie beachten?

Kinder kommen aber nicht nur zu Fuß in die Schule. Sie fahren auch mit dem Schulbus, dem Fahrrad, dem Auto oder mit der Straßenbahn.

2 Wie kommst du jeden Tag zur Schule?
Was siehst du auf deinem Schulweg?
Zeichne einen Plan.
Erkläre den Plan einem anderen Kind.

Ein Raum – drei Ansichten

Auf dem Bild ist ein Klassenraum schräg von oben zu sehen.
Es ist ein **Schrägbild**. Manche Einzelheiten kannst du
nicht richtig erkennen. Sie sind durch andere Dinge verdeckt.

Auf diesem Bild ist derselbe Klassenraum
senkrecht von oben zu sehen.
Es ist ein **Senkrechtbild**.
Viele Einzelheiten sind zu entdecken.
Dadurch wirkt das Bild unübersichtlich.

1 Was kannst du im oberen Bild erkennen?

2 Vergleiche: Finde im unteren Bild alle Gegenstände wieder.
Fehlt etwas? Gibt es Dinge, die bisher nicht zu sehen waren?

Das Senkrechtbild kann weiter vereinfacht und verkleinert werden.
Dann heißt das Bild **Plan**.
Alle Dinge auf dem Plan werden in einer **Legende** erklärt.

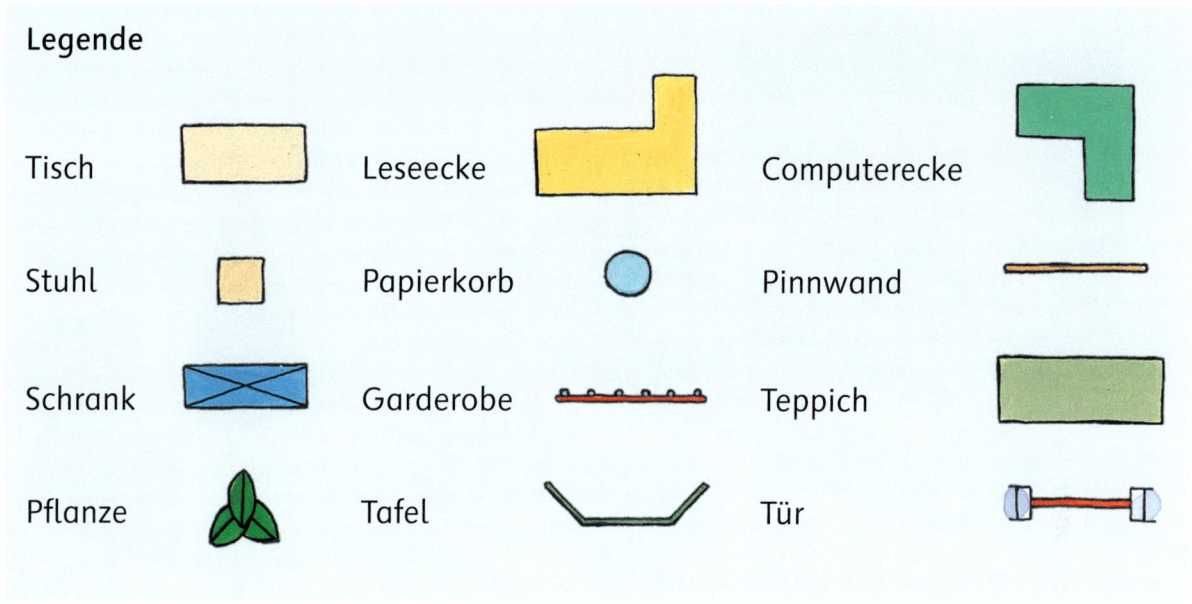

Das ist der **Plan** vom Klassenzimmer.

3 Vergleiche das Senkrechtbild und den Plan miteinander.
Was ist gleich? Was ist verschieden?

Wie wünschst du dir deinen Klassenraum?
Zeichne einen Plan. Lege eine Legende an.

Wichtige öffentliche Gebäude im Heimatort

Eine **Grundschule** gibt es in fast jedem Dorf oder Stadtteil. Zu weiterführenden Schulen haben die Kinder oft einen längeren Schulweg.

Die **Kirche** ist ein christliches Gotteshaus. Hier treffen sich die Christen zum Feiern und Beten. Menschen anderer Religionen treffen sich in der **Synagoge**, der **Moschee** oder dem **Tempel**.

Im **Rathaus** arbeiten Menschen, die den Ort verwalten.
Hier wird entschieden, was in der Gemeinde geschehen soll. Auch die Bürgermeisterin oder der Bürgermeister arbeitet im Rathaus.

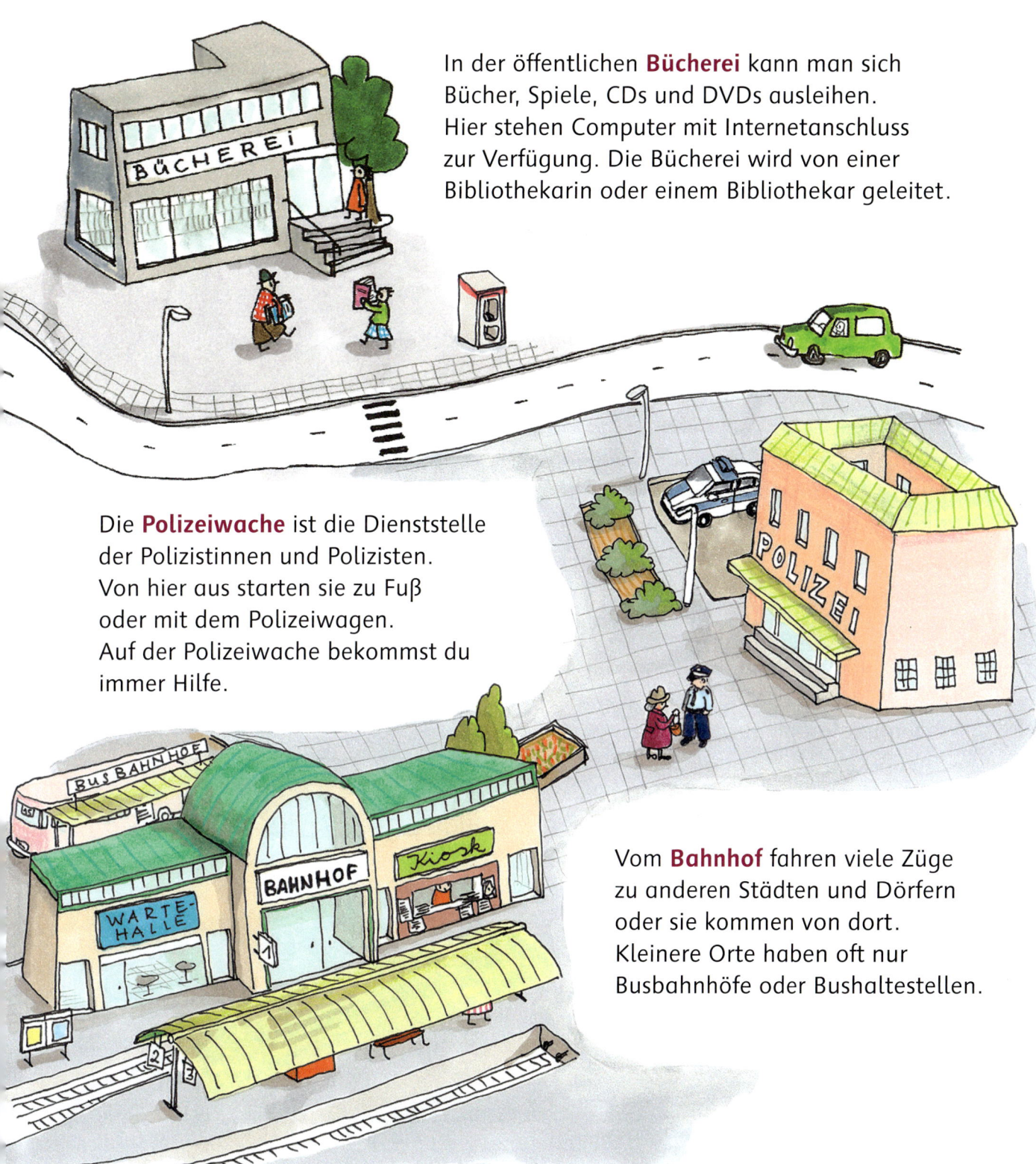

In der öffentlichen **Bücherei** kann man sich Bücher, Spiele, CDs und DVDs ausleihen. Hier stehen Computer mit Internetanschluss zur Verfügung. Die Bücherei wird von einer Bibliothekarin oder einem Bibliothekar geleitet.

Die **Polizeiwache** ist die Dienststelle der Polizistinnen und Polizisten. Von hier aus starten sie zu Fuß oder mit dem Polizeiwagen. Auf der Polizeiwache bekommst du immer Hilfe.

Vom **Bahnhof** fahren viele Züge zu anderen Städten und Dörfern oder sie kommen von dort. Kleinere Orte haben oft nur Busbahnhöfe oder Bushaltestellen.

1 Welche öffentlichen Gebäude gibt es in eurem Wohnort? Legt eine Mappe an.

In der Freizeit ins Museum?

In der Freizeit kann man Dinge tun, die man gerne mag.
Einige Kinder treiben Sport oder gehen auf den Spielplatz.
Andere lesen oder machen Musik.
Der Besuch in einem **Museum** kann auch
ein tolles Freizeiterlebnis sein.

Es gibt ganz verschiedene Museen.
Die meisten Museen bieten besondere Aktionen für Kinder an.

Spielzeugmuseum

Im Museum „Die Dachbodenbande"
in Hamburg können die Besucher
altes Spielzeug besichtigen.
Beim Stöbern in Truhen und Schubladen
kann man Spielzeug entdecken, mit dem
die Urgroßeltern früher gespielt haben.

Dinosaurier-Freilichtmuseum

Im Freilichtmuseum Münchehagen
sind 150 Saurier-Modelle
in Originalgröße ausgestellt.
Kinder können bei der Ausgrabung
eines Dinosaurier-Skeletts mithelfen.

Museumsdorf

Im Museumsdorf in Cloppenburg
erleben Kinder die Vergangenheit.
Sie machen Unterricht mit. Sie können
auch wie vor 100 Jahren selbst Essen
nach alten Rezepten zubereiten
oder Stoffe bedrucken.

1 In welchem Museum warst du schon einmal?
Gestalte dazu eine Seite für euren Museumsführer.

 Erkunde: Welche Aktionen bieten die Museen
in deiner Umgebung für Kinder an?

Mach mit!

Umfrage: Mein Schulweg

- Befrage Mitschülerinnen und Mitschüler, wie sie zur Schule kommen.
- Erstelle eine Strichliste

Verkehrsmittel	Anzahl der Kinder
🦶	𝍷𝍷𝍷𝍷𝍷 𝍷𝍷𝍷𝍷𝍷 III
🚗	IIII
🏍️	III

Mein Wunschzimmer

Wie sieht dein Wunschzimmer aus?

Baue aus Papier, Pappe, Schachteln und Stoffresten ein Modell.

Mein Ort im Internet

Bitte einen Erwachsenen, mit dir die Internetseite deines Ortes zu suchen. Du kannst auch nach dem nächsten größeren Ort suchen.

- Welche Informationen findest du dort für Kinder?

Natur entdecken: Pflanzen

So wächst die Kartoffel

Die **Kartoffelpflanze** wächst über und unter der Erde.

(6) Bald welkt das Kartoffelkraut. Die Mutterknolle schrumpft. Die Kartoffeln können nun geerntet werden. Vom Auslegen der Kartoffel bis zur **Ernte** vergehen etwa vier Monate.

(5) Aus den Blüten entwickeln sich giftige grüne **Früchte** (Beeren).

(4) An der Pflanze entwickeln sich **Blüten**. Unter der Erde wachsen die neuen Kartoffeln weiter. Die **Wurzeln** werden kräftiger.

① Die **Saatkartoffel** wird in die Erde gelegt. Man nennt sie auch **Mutterknolle**. Aus dieser Saatkartoffel wächst eine neue Kartoffelpflanze.

② Auf der Schale der Mutterknolle wachsen schuppenförmige Blättchen, die **Augen**. Daraus entwickeln sich kleine neue Triebe.

Achtung!
Alle grünen Teile der Kartoffelpflanze über der Erde sind giftig!
Auch geerntete Kartoffeln können grün werden.
Dann sind sie leicht giftig. Deshalb: Grüne Kartoffeln darf man nicht essen!

③ Einige **Triebe** wachsen nach oben und durchstoßen die Erde. Daraus entwickeln sich **Stängel** und **Blätter**. Sie sind das **Kartoffelkraut**. Andere Triebe wachsen nach unten. Sie bilden Ausläufer und verdicken sich an den Enden zu **Tochterknollen**.

1 Pflanze eine Saatkartoffel in einen Eimer. Beobachte sie über einen längeren Zeitraum.

Woher die Kartoffel kommt

Lange Zeit war die Kartoffelpflanze bei uns in Europa unbekannt. Die Indianer pflanzten sie schon vor über 2000 Jahren an. Erst vor etwa 500 Jahren brachten spanische Seefahrer die Kartoffelpflanze nach Europa.

Anfangs waren die Menschen misstrauisch, weil sie die seltsame Knolle nicht kannten. So pflanzten die Adligen und Reichen die Kartoffelpflanze lange Zeit als Zierpflanze an. Sie bewunderten an der Pflanze die schönen Blüten.

Erst vor 250 Jahren erkannte der Preußenkönig Friedrich II. den Wert der Kartoffel. Er verteilte Saatkartoffeln und verpflichtete die Bauern, diese anzubauen. In Notzeiten erkannten die Menschen, wie wertvoll die Kartoffeln waren. Sie mussten nicht mehr hungern.

> Die Kartoffel gehört neben Weizen, Reis, Mais und Bohnen zu den Grundnahrungsmitteln der Welt.

1 Befrage deine Großeltern:
Warum nannte man die Herbstferien früher auch Kartoffelferien?

Die Kartoffel – eine vielseitige Knolle

Die Kartoffel ist heute ein wichtiges **Nahrungsmittel**.
Sie enthält viele **Nährstoffe**, die der Mensch zum Leben braucht.

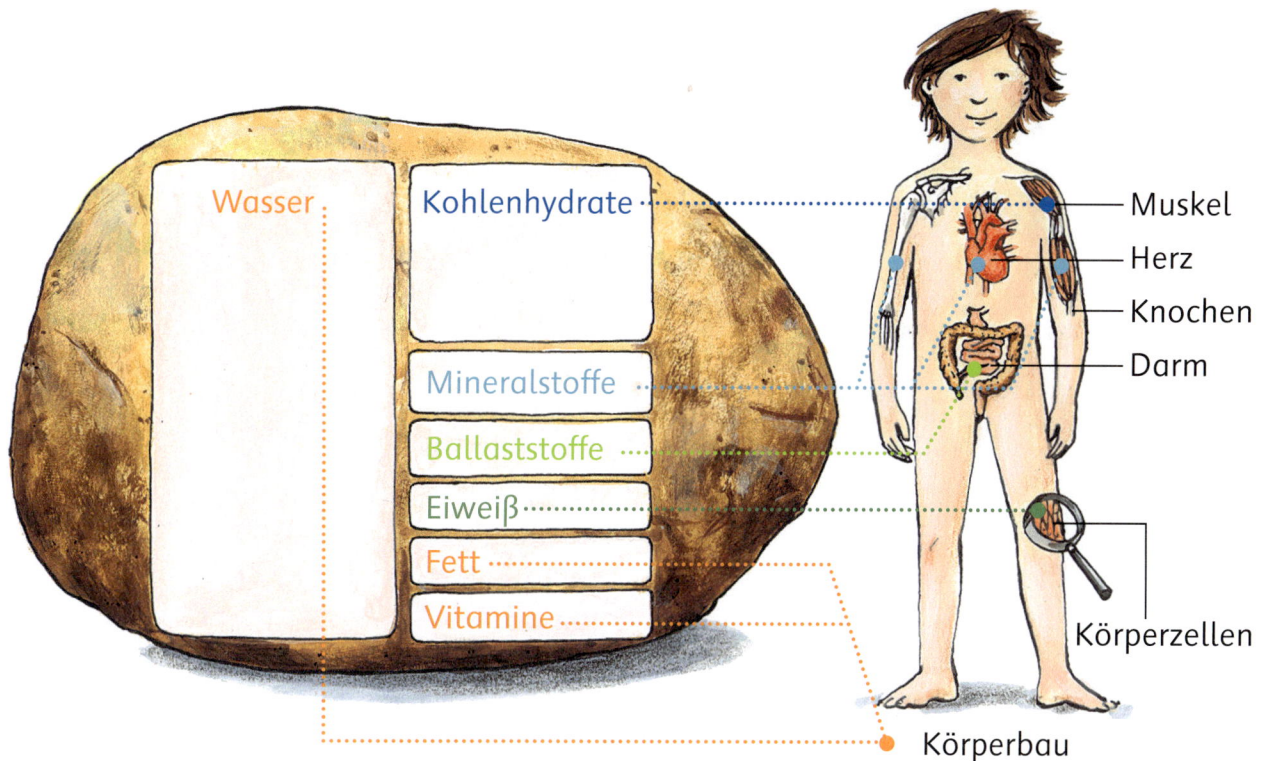

Wasser · Kohlenhydrate · Mineralstoffe · Ballaststoffe · Eiweiß · Fett · Vitamine

Muskel · Herz · Knochen · Darm · Körperzellen · Körperbau

Es gibt etwa 200 verschiedene **Kartoffelsorten**. Sie unterscheiden sich im Aussehen und Geschmack, in den Kocheigenschaften und der Erntezeit der Kartoffel.

Rund 50 Kartoffelsorten werden für die Herstellung von **Kartoffelprodukten** verwendet: für Püree, Klöße, Kartoffelmehl, Pommes frites oder Chips.

1 Informiert euch im Supermarkt:
Welche Angaben stehen auf den Kartoffelverpackungen?
Schreibt sie auf. Versucht herauszufinden, was sie bedeuten.

Für welche Speisen verwendet man mehlige Kartoffeln, für welche eher festkochende Kartoffeln? Erstellt eine Liste.

AH S. 47

Was der Kartoffel schadet

Kartoffelkäfer

Ein Weibchen legt etwa 1 200 Eier
auf die Unterseite der Kartoffelblätter.
Aus den Eiern entwickeln sich
gefräßige Larven. Diese Larven
und die Käfer zernagen Blätter und Stängel.
Dadurch stirbt die Pflanze ab.

Krautfäule

Diese Krankheit ist besonders gefährlich.
Ein Pilz befällt die Pflanze.
Die Blätter bekommen an den Rändern
braune Flecken. Die Blätter vertrocknen
oder verfaulen und fallen ab.
Die Pflanze stirbt ab.

Falsche Lagerung

Werden Kartoffeln hell und warm gelagert,
fangen sie an zu schimmeln.
Sie werden außerdem grün. Dann sind sie, wie die
Augen und Keime, giftig. Deshalb gilt im Haushalt:
Kartoffeln trocken, kühl und luftig aufbewahren.
Am besten in einer Korb- oder Holzkiste.

Pflanzenschutz

Pflanzenschutzmittel helfen, Ernteausfälle zu vermindern.
Sie vernichten Schädlinge und Krankheitserreger.
Aber diese Stoffe können in den Boden gelangen
und sich auch in die Kartoffel einlagern.

Im ökologischen Anbau wird auf diese chemischen
Schutzmittel verzichtet.

1 Stellt Regeln für die Lagerung von Kartoffeln im Haushalt auf.
2 Schreibe einen Steckbrief zum Kartoffelkäfer.

Mach mit!

Kartoffelkochbuch

Sammelt Kartoffelrezepte und gestaltet ein Kochbuch.

Kartoffelausstellung

Gestaltet ein Plakat zu verschiedenen Kartoffelsorten oder Kartoffelprodukten.

Kartoffeln aus dem Eimer

- Setze eine vorgekeimte Kartoffel in einen Eimer, der zur Hälfte mit Erde gefüllt ist. Gießen nicht vergessen!
- Sobald das Kartoffelpflänzchen aus der Erde kommt, häufelst du ein wenig Erde an.
- Wenn die Pflanze etwas größer ist, füllst du eine weitere Erdschicht in den Eimer. Wiederhole dies, bis der Eimer fast voll ist.
- Schaue einmal pro Woche nach deiner Kartoffelpflanze.
- Schreibe auf, was sich verändert hat.

Du brauchst:
vorgekeimte Kartoffel, Eimer mit Abflusslöchern, Erde, Gießkanne

Muster drucken mit Kartoffeln

- Schneide eine große Kartoffel in der Mitte durch.
- Zeichne ein Motiv auf die Kartoffelhälfte.
- Schneide alle Teile um dein Motiv herum weg.
- Bestreiche dein Motiv mit Farbe.
- Nun kannst du drucken.

Du brauchst:
- Kartoffel
- Messer
- Bleistift
- Pinsel
- Farbe
- Papier oder Stoff

S. 8/9, 12/13

Wie wir leben

Miteinander leben

Meline und Lioba sind Geschwister.
Lioba ist acht Jahre alt.
Sie kam mit einer Behinderung zur Welt.
Sie hat das **Down-Syndrom**.

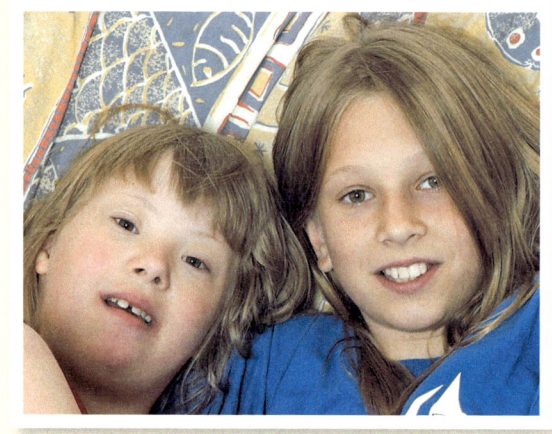

Meline und Lioba spielen oft zusammen.
Beim Basteln hilft Meline der Schwester.
Manchmal streiten sich die beiden auch.
Aber meistens verstehen sie sich gut.
Meline findet toll, dass Lioba
so offen auf andere zugeht.

Lioba geht in die zweite Klasse.
Dort lernen Kinder mit Behinderung
und Kinder ohne Behinderung
gemeinsam.
Oft arbeitet aber auch jedes Kind
an eigenen Aufgaben.
Lioba erhält dann einfachere Aufgaben.

> In Deutschland werden
> jedes Jahr etwa 1 200 Kinder
> mit Down-Syndrom geboren.

Einmal in der Woche macht Lioba
nur mit behinderten Kindern
aus der Schule zusammen Musik.
Sie spielen einfache Instrumente
und singen.
Das macht Lioba sehr viel Spaß.

In der großen Pause tobt Lioba gerne.
Sie ist sehr beliebt.
Manchmal fragen Kinder, warum Lioba
etwas anders aussieht und noch nicht
so gut sprechen kann.
Meline erklärt dann, dass Lioba
eine Behinderung hat und vieles
langsamer lernt.

Lioba mag Pferde sehr gerne.
Sie kann schon ein bisschen reiten
und kennt sich mit Pferden gut aus.
So oft es geht, besucht Lioba
die Stute Tessi.
Bald soll Lioba Reitunterricht
bekommen.

1 Beratet, wie ihr in der Klasse mit Lioba zusammen lernen
und leben würdet.

Mein Zuhause

Dilan ist in Deutschland geboren.
Ihre Eltern stammen aus der Türkei.
Dilan spricht zwei Sprachen.
Mit ihren Freunden spricht sie deutsch.
Zu Hause spricht sie türkisch.

Dilan und ihre Familie haben
eine andere Religion, den **Islam**.
Die meisten Menschen in der
Türkei sind **Muslime**.
Sie gehen nicht in eine Kirche,
sondern in eine **Moschee**.

Das heilige Buch der Muslime
ist der **Koran**.
Dilans Familie hat auch
einen Koran zu Hause.
Manchmal liest Dilans Vater
daraus vor.

1 Findet heraus, wo es in eurer Nähe eine Moschee gibt.

AH S. 48

Dilans Lieblingsfest ist das **Zuckerfest** (Şeker Bayramı).
Mit diesem Fest wird das Ende der **Fastenzeit** (Ramadan) gefeiert.
Das Fest dauert drei Tage.
Die ganze Familie und auch Freunde kommen zusammen.
Alle ziehen sich festlich an und begrüßen sich mit „Gesegnetes Zuckerfest!".

Es werden Geschenke verteilt und es gibt viele Süßspeisen.
Baklava ist eine Spezialität, die es zum Zuckerfest gibt.
Mit ihrer Großmutter bereitet Dilan das Gebäck vor.
Dilans Tante bringt **Lokum** mit.

Dilan tanzt gerne zu türkischer Musik.
In einem Verein übt sie mit einer türkischen Lehrerin und anderen Mädchen tanzen.
Die schönen bunten Kostüme und die goldenen Ketten liebt Dilan besonders.

2 Informiert euch über die Fastenzeit.

3 Befragt muslimische Mitschüler nach Spielen, Speisen, Festen …
Gestaltet ein Plakat.

Aus dem hohen Norden

Das ist Matti.
Er lebt im finnischen Teil Lapplands.
Zu Lappland gehören Teile von Finnland,
Norwegen, Schweden und Russland.
Mattis Familie gehört zu den **Sami**.
Sie sind das Urvolk Lapplands und
haben eine eigene Sprache: das Sami.
In der Schule spricht Matti Sami.
Er kann aber auch finnisch sprechen.
An besonderen Tagen trägt er
die Nationaltracht seines Volkes.

In Lappland gibt es sehr viele
Rentiere (Rene).
Jedes Jahr im Herbst treibt Matti
mit seiner Familie die Rentiere
von den Hügeln
und aus den Wäldern ins Tal.
Mit einem Lasso fängt man
die Tiere. Sie werden verkauft
oder geschlachtet.
Rentierfleisch wird gern gegessen.

Von November bis Januar ist es
in Lappland am Tag fast dunkel.
Diese Zeit nennt man **Polarnächte**.
Dafür ist es im Sommer immer hell.
Die Sonne geht auch nachts
nicht unter.
Matti geht dann gerne fischen.
Seine Familie isst häufig Lachs,
Barsch und Zander.

1 Schreibe einen Brief an Matti. Erzähle aus deinem Leben.

Sucht nach weiteren Informationen über Lappland und die Sami.

Türkisches Spiel

Das „Sucherkind" steht
am Anschlagplatz und beginnt
mit verdeckten Augen zu zählen.
Die anderen Kinder verstecken sich.

Nachdem der Suchende gerufen hat:
„Vor mir, hinter mir, neben mir
und rundherum gilt nicht!", beginnt er
zu suchen.

Hat er ein Kind entdeckt, ruft er laut
dessen Namen und rennt
zum Anschlagplatz.
Das entdeckte Kind ist sein Gefangener.
Erreicht jedoch der Entdeckte zuerst
den Anschlagplatz, so ist er befreit.

Mach mit!

Sprachforscher

Wie klingen die Sprachen?

- Befragt Kinder aus verschiedenen Ländern nach ihren Sprachen.
- Lasst sie von 1 bis 10 zählen, „Guten Tag" und „Auf Wiedersehen" in ihrer Sprache sagen.
- Nehmt alles auf und spielt es der Klasse vor.

Lokum

Du brauchst:

- 8 ☕ Zucker
- 5 ☕ Wasser
- 2 ☕ Stärkemehl
- 2 ☕ Orangensaft
- 2 🥄 Weinstein
- Puderzucker

Rührlöffel Topf

Brett, Messer Form

So wird es gemacht:

Sommer

Amseln im Sommer

Amseln finden im Sommer leicht etwas zu fressen.
Es gibt im Sommer viele Insekten, Würmer und Spinnen.
Wegen der vielen **Nahrung** kann ein Amselpaar
bis zu dreimal im Jahr brüten.
Die Amseln wechseln im Sommer ihre Federn.
Sie sind in der **Mauser**. Das geschieht nach und nach.
Sonst können die Vögel nicht mehr fliegen.
Auch die Jungvögel mausern sich.
Sie bekommen die typischen schwarzen und braunen Federn.

Das Sommerfest der Vögel

Dieses „Vogelkonzert auf einem Baum" hat der Künstler
Frans Snyders (1579–1657) gemalt.
Snyders gehört zu den größten Tiermalern.
Er malte meist spielende Tiere, Jagdszenen oder Tierkonzerte.

Vogelkonzert auf einem Baum, ca. 1630–1640

 Welche Vögel erkennst du auf dem Bild? Beschreibe ihr Aussehen.

 Welche Vögel leben bei uns nicht in freier Natur?

Die Vogelhochzeit volkstümlich

Strophe

1. Ein Vo-gel woll-te Hoch-zeit ma-chen in dem grü-nen Wal-de.

Refrain

Fi-de-ral-la-la, fi-de-ra-la-la, fi-de-ra-la-la-la-la.

2. Die Drossel war der Bräutigam,
   die Amsel war die Braute.

3. Der Stare, der Stare,
   der flocht der Braut die Haare.

4. Die Gänse und die Anten,
   das war'n die Musikanten.

5. Die Meise, die Meise,
   die sang das Kyrieleise.

6. Der Wiedehopf, der Wiedehopf,
   der schenkt' der Braut 'nen Blumentopf.

7. Der Pfau mit seinem bunten Schwanz,
   der führt' die Braut zum Hochzeitstanz.

8. Brautmutter war die Eule,
   nahm Abschied mit Geheule.

Vorspiel zur Vogelhochzeit Für einen Sprecher und Geräuschemacher

Es ist sehr früh am Morgen.
Die ersten Sonnenstrahlen fallen
auf die Lichtung im Wald.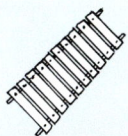

Ein paar Äste knarren und knacken.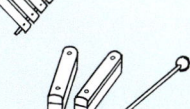

Der Wind flüstert durch die Bäume. 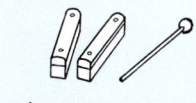 + wischen

Aber im Wald herrscht Aufregung:

Heute soll die große Vogelhochzeit auf der Lichtung sein.
Da läuten auch schon die Glocken.

Begleitung zum Fiderlala

Bassstäbe  g-g-d-d-g-d-g

Altxylofon  d-d-c-c-d-c-d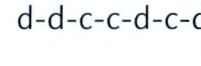

Sopranxylofon  h-h-a-a-h-a-h

Glockenspiel  g-g-fis-fis-g-fis-g

Eine Vogelmaske basteln

- Suche dir eine Maske aus.
- Zeichne sie mit Bleistift vor.
  Male sie mit Buntstiften oder Tusche an.
  Beklebe sie mit unterschiedlichen Federn.
- Steche an beiden Seiten der Maske ein Loch
  in die Pappe. Fädle das Gummiband ein.
  Befestige es mit dicken Knoten.

Du brauchst:

- dünne Pappe für die Maske
- Maskenform
- Bleistift
- Tusche oder Buntstifte
- Federn
- flüssigen Kleber
- Gummiband
- dicke Nadel
- Schere

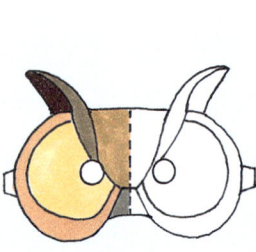  
 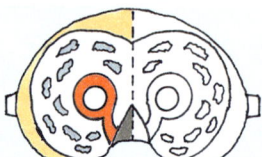 

Die Federn der Amseln

Amseln brauchen ihre Federn zum Fliegen.
Aber auch zum Wärmen und als „Regenjacke".
Jede Feder hat eine besondere Aufgabe. Es gibt:

Schwungfedern

Mit diesen Federn fliegen die Vögel.
Schwungfedern sind schmal,
biegsam und wasserfest.

Deckfedern

Sie bilden eine glatte Oberfläche.
So kann die Luft über den Körper streichen.
Deckfedern sind kürzer als Schwungfedern.

Daunenfedern

Sie sollen den Vogel warm halten.
Die Federn sind ganz flauschig.

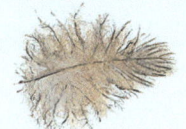

Mit Federn schreiben

Früher hat man zum Schreiben
Vogelfedern benutzt, die **Federkiele**.
Meist verwendete man Gänsefedern.

Du brauchst:
- Schere
- Schwungfeder
- Tintenfass
- Papier

- Schneide eine Feder mit der Schere schräg an.

- Tauche die Spitze nun ins Tintenfass.
  Schreibe einzelne Buchstaben.
  Drücke nicht zu fest auf!

- Wenn du geübt hast,
  kannst du Texte schreiben.

 Schreibe mit der Feder eine Einladung zur Vogelhochzeit.

Umwelt erforschen

Das Wetter

Im Laufe eines Jahres ändert sich das **Wetter**.
Bei uns ist es im Sommer meist sehr warm,
im Herbst oft stürmisch.
Im Winter fällt manchmal Schnee.

Oft zeigen **Wolken** an, wie das Wetter wird.

1 Beschreibe die Fotos auf beiden Seiten.
Woran denkst du dabei?

Auf dem Mond gibt es kein Wasser und keine Luft. Deshalb gibt es dort keine Wettererscheinungen wie bei uns auf der Erde.

Wärme, Kälte, Wind, Regen, Schnee, Gewitter und Hagel sind **Wettererscheinungen**.

Sonne, Luft und Wasser sorgen dafür, dass es Wettererscheinungen überhaupt gibt.

2 Erzähle: Welche Wettererscheinungen kannst du im Frühling, Sommer, Herbst und Winter beobachten?

Der Niederschlag

Regen

In der Luft befindet sich Wasserdampf.
Steigt die Luft nach oben, kühlt sie sich ab.
Der Wasserdampf verwandelt sich in Wassertröpfchen.
Die Tropfen bewegen sich in den Wolken.
Sie stoßen mit anderen Tröpfchen oder Eis zusammen
und bilden schwerere Tropfen oder Eiskristalle.
Werden sie dabei zu schwer, fallen sie aus den Wolken
als **Regen** zur Erde.

Schnee

In eiskalter Höhe gefrieren winzige Wassertröpfchen
an kleinen Staub- oder Rußpartikeln fest.
Das geschieht immer wieder.
So bilden sich sechseckige Teilchen.
Viele von ihnen vereinen sich zu einer **Schneeflocke**.
Die Schneeflocken schweben dann zur Erde.
Dort bleiben sie als Schnee liegen,
wenn die Temperatur 0 °C oder kälter ist.

Hagel

Hagel beginnt seinen Weg zur Erde als Regen.
Bevor die Wassertropfen auf die Erde fallen,
werden sie aber durch Wind wieder nach oben
in sehr kalte Luftschichten gewirbelt.
Dort gefrieren sie zu kleinen Eiskörnern
und fallen erneut herab.
Oft werden die Eiskörner mehrmals hochgewirbelt.
Irgendwann sind sie zu schwer und fallen als **Hagel**
auf die Erde. Manchmal können die Körner
so groß wie Hühnereier werden.

1 Informiere dich: Wie entstehen die Niederschläge Nebel, Tau und Reif?

Stell dir vor, es würde mehrere Monate nicht regnen.
Was würde das bedeuten?

Der Wind

Wind ist bewegte Luft. Er ist eine große, unsichtbare Naturkraft.
Den Wind kannst du spüren und seine Auswirkungen sehen.

Die Kraft des Windes ist nützlich.
Manchmal zerstört die Kraft des Windes aber auch.

1 Gestaltet ein Plakat: Wann ist der Wind nützlich? Wann ist er gefährlich?

Windschutz

Du brauchst:

dicke Kerze, Untersetzer, Streichhölzer, Flasche, Milch- oder Saftkarton

- Zünde die dicke Kerze an.
- Stelle die Flasche vor die Kerze.
- Puste aus 10 cm gegen die Flasche.

- Wiederhole nun den Versuch mit dem eckigen Karton.
- Beobachte wieder.

Versuche zu erklären:
Warum eignen sich Bäume nicht als Windschutz?

Der Regenbogen

Wenn es regnet
und gleichzeitig die Sonne scheint,
entsteht ein **Regenbogen** am Himmel.

Wie ist das möglich?

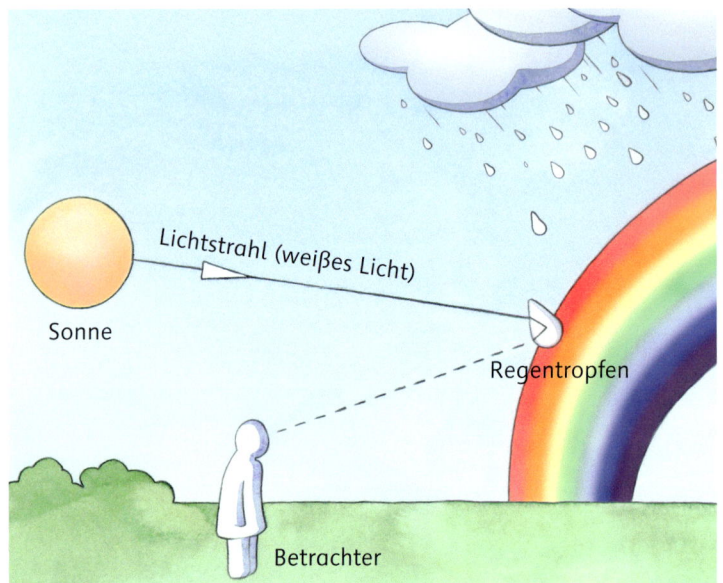

In den vielen Regentropfen
werden die Sonnenstrahlen
gebrochen.
So erkennt man, dass das
weiße Sonnenlicht
aus sieben Farben besteht:
rot, orange, gelb, grün,
hellblau, dunkelblau und lila.

Diese Farben heißen
Spektralfarben.

 Regenbogenmacher

Du brauchst:

Taschenlampe, Schale, Spiegel, weißes Papier, Wasser

- Fülle Wasser in die Schale.
- Tauche den Spiegel schräg in das Wasser.
  Ein Teil des Spiegels
  muss aus dem Wasser herausschauen.
- Halte das weiße Papier so über die Schale,
  dass du es im Spiegel sehen kannst.

Was beobachtest du?

1 Male einen Regenbogen. Schreibe die Farben dazu.

Ergänze bei deinem Regenbogenbild dich und die Sonne.
Wo musst du stehen, damit du den Regenbogen sehen kannst?

2 Kennst du Geschichten, in denen ein Regenbogen vorkommt? Erzähle.

Die Wettermusik

Sophie will zum Spielplatz gehen.
Sie schaut aus dem Fenster.

Es regnet.
Der Wind weht durch die Bäume.
Weit weg sieht Sophie einige Sonnenstrahlen.
Dann hagelt es.
Sturmböen wirbeln um das Haus.
Die Wolken ziehen weiter.
Die Sonne kommt heraus.

Jetzt kann Sophie zum Spielplatz gehen.

Regen	grobkörnigen Sand in einen Blechtopf rieseln lassen (oder Holzblocktrommel)	
Hagel	getrocknete Erbsen in einen Blechtopf fallen lassen (oder tiefe Xylofontöne)	
Wind	Papierseiten durch die Luft schwingen (oder Blockflötenkopf)	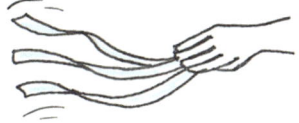
Sturmböen	unregelmäßig mit den Händen auf dem Tisch wischen (oder Trommel reiben)	
Sonne	leise einen am Faden hängenden Löffel mit einem anderen Löffel anschlagen; wenn die Sonne wieder scheint, lauter anschlagen (oder Triangel)	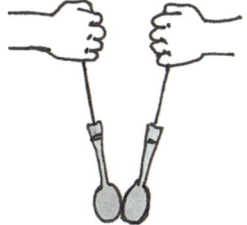

1 Erfindet eine Geschichte und dazu eine eigene Wettermusik. Benutzt für die Musik Alltagsgegenstände.

Das Thermometer

Vor ungefähr 250 Jahren,
als deine Urururgroßeltern lebten,
wohnte in Schweden **Anders Celsius**.
Als Forscher führte er viele Versuche durch.
Dafür musste er wissen, wie warm oder kalt
die Gegenstände waren. Celsius erfand
ein Temperaturmessgerät – das **Thermometer**.

Wir wissen heute nicht ganz genau,
wie Celsius zu seiner Erfindung kam.
So könnte es gewesen sein:

Celsius füllte Quecksilber in ein Glasröhrchen.
Dann hielt er das Glasröhrchen in siedendes Wasser.
Das Quecksilber dehnte sich aus.
Celsius markierte diesen Punkt – **Siedepunkt**.

Danach stellte er das Glasröhrchen
kurze Zeit in einen Topf mit Eiswürfeln.
Das Quecksilber zog sich zusammen.
Auch diesen Punkt markierte Celsius – **Gefrierpunkt**.

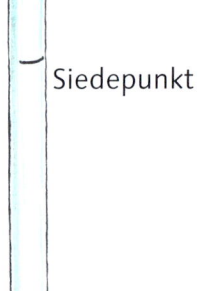

Anschließend überlegte er sich eine Einteilung.
Dazu zerlegte Celsius den Abstand zwischen
den beiden Punkten in 100 gleiche Teile
und markierte sie.
Nun hatte er eine Skala, mit der er
100 verschiedene Temperaturen messen konnte.

Noch heute messen wir die Temperatur
mit Hilfe von Thermometern nach dieser Einteilung
in **Grad Celsius (°C)**.

1 Erkläre: Was bedeutet sieden?

Heute benutzen wir vor allem Thermometer mit Alkohol. Die Flüssigkeit dehnt sich im Glasröhrchen beim Erwärmen aus und zieht sich beim Abkühlen zusammen. Das kann man am Thermometer sehen und dadurch die **Temperatur** sehr genau ablesen.

Je nach Verwendungszweck gibt es viele verschiedene Thermometer:

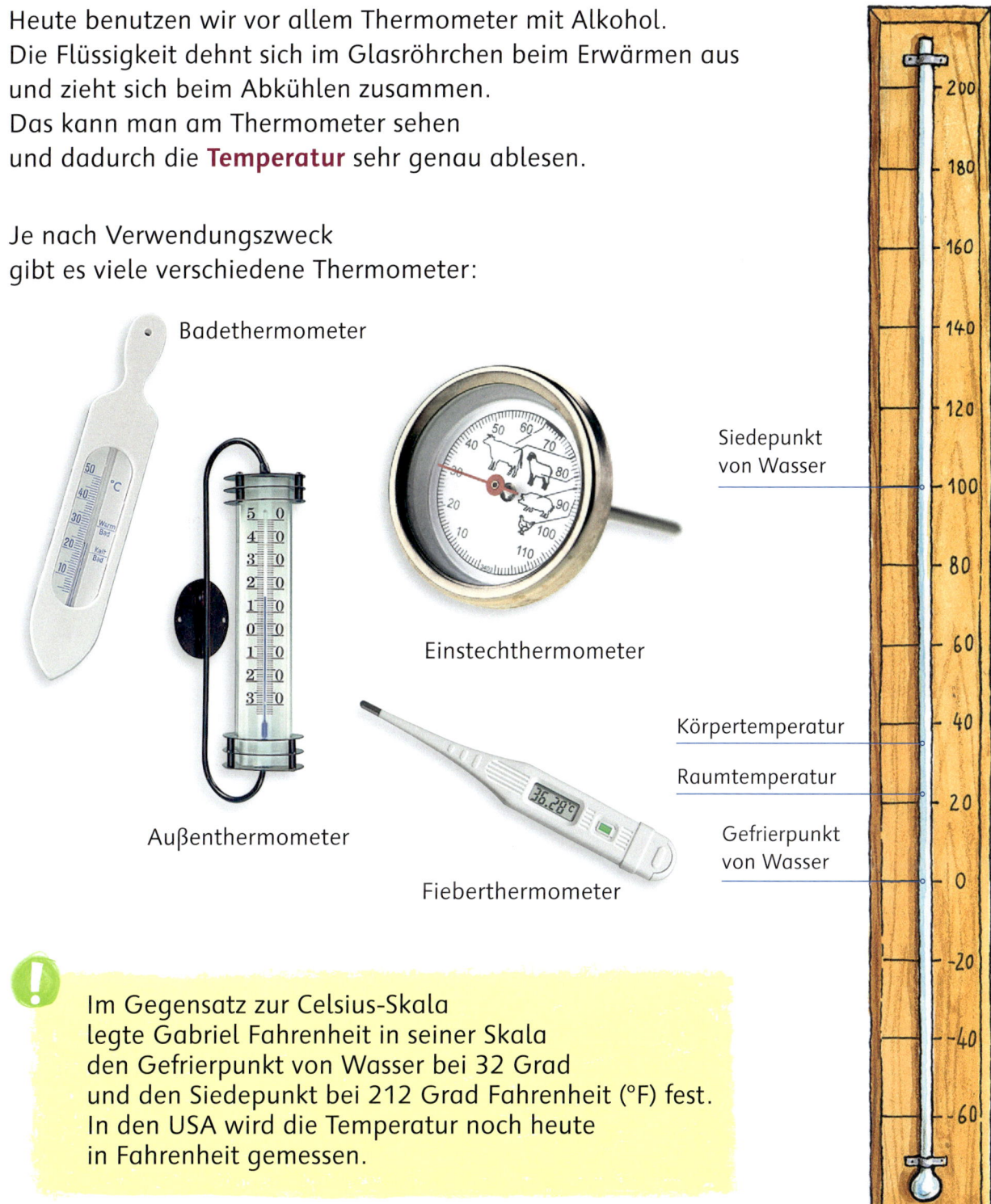

- Badethermometer
- Außenthermometer
- Einstechthermometer
- Fieberthermometer
- Siedepunkt von Wasser
- Körpertemperatur
- Raumtemperatur
- Gefrierpunkt von Wasser

> ❗ Im Gegensatz zur Celsius-Skala legte Gabriel Fahrenheit in seiner Skala den Gefrierpunkt von Wasser bei 32 Grad und den Siedepunkt bei 212 Grad Fahrenheit (°F) fest. In den USA wird die Temperatur noch heute in Fahrenheit gemessen.

2 Informiere dich über verschiedene Thermometer. Wodurch unterscheiden sie sich?

3 Messt und notiert die Temperatur in eurem Klassenzimmer und im Freien an verschiedenen Tagen und zu verschiedenen Uhrzeiten. Vergleicht die Messungen.

Die Wetterkarte

In Zeitungen oder im Wetterbericht im Fernsehen kannst du ähnliche **Wetterkarten** sehen.

Wetterkarten zeigen uns mit Hilfe von Symbolen an, wie Fachleute das Wetter vorhersagen.

Um eine Wetterkarte verstehen zu können, musst du wissen, was die einzelnen Wettersymbole bedeuten.

Die Symbole auf den Wetterkarten sind nicht immer gleich. Deshalb musst du die **Legende** genau anschauen.

1 Schau dir die Wetterkarte an. Wo würdest du am liebsten sein? Begründe deine Meinung.
2 Vergleiche diese Wetterkarte mit einer aus der Zeitung.

Eigenschaften des Wassers

Wasser hat Kraft

Nach lang anhaltenden Regenfällen kann es passieren, dass Flüsse über die Ufer treten.
Die Wassermassen können eine solche Kraft entwickeln, dass sie Autos mitreißen und Häuser zerstören.

Auf dem Meer können riesige Wellen entstehen. Das ist gefährlich für Schiffe, die auf dem Meer unterwegs sind.
Auch wenn sehr große Wellen auf die Küste treffen, wird ihre Kraft deutlich.

Wasser leitet Töne

Unter Wasser können Menschen nicht sprechen. Sie verwenden dann eine Zeichensprache.

Wale dagegen können unter Wasser Töne erzeugen, mit denen sie sich über weite Entfernungen verständigen. So finden sie andere Wale, Wege und ihre Nahrung im Meer. Oft stört der Lärm von Schiffsmotoren die Verständigung. So wird das Zusammenleben der Wale gestört.

 Der Körper des Menschen besteht zum größten Teil aus Wasser.

1 Wo nutzt der Mensch die Kraft des Wassers?
Gestaltet gemeinsam eine Mappe mit Bildern und Texten.

Wasser verändert sich

Wasser ist nicht immer **flüssig**.
Es kann auch **fest** oder **gasförmig** sein.

Gefrieren

Kühlt Wasser unter den **Gefrierpunkt** (0 °C) ab,
bilden sich Eiskristalle.
Immer mehr Eiskristalle verbinden sich.
Es entsteht eine feste Masse,
zum Beispiel Eiszapfen.

Schmelzen

Holt man Eiszapfen von draußen
oder Eiswürfel aus dem Kühlschrank
in einen warmen Raum,
wird das Eis langsam zu Wasser.
Der **Schmelzpunkt** von Eis liegt bei 0 °C.

Verdampfen

Wird Wasser bis zur
Siedetemperatur (100 °C) erhitzt,
wird das Wasser gasförmig.
Das aufsteigende Gas ist unsichtbar.

 Wasser im Haushalt verwandeln

Fülle eine kleine Plastikflasche voll mit Wasser.
Verschließe sie. Lege die Flasche einen Tag
in den Gefrierschrank. Vermute was passiert.
Versuche das Ergebnis zu erklären.

 Warum haben Straßen nach einem frostigen Winter Risse und Löcher?

Wasser als Lösungsmittel

Im **Wasser** kannst du einige feste Stoffe auflösen.

Das Stück Zucker „zerfällt" im Wasser.
Es löst sich allmählich auf,
bis vom Zucker nichts mehr
zu sehen ist.
Das kannst du mit einer Lupe prüfen.

Das Wasser kann aber nur eine
gewisse Menge Zucker auflösen.
Ist die Menge zu groß,
bleibt am Boden Zucker zurück.
Man sagt: Die Lösung ist gesättigt.

Auch in der Natur werden feste Stoffe
in Wasser gelöst, so das Meersalz.
Das Salz im Meer hat sich aufgelöst.
Es ist mit den Augen nicht zu erkennen.
Man kann es aber schmecken.

Manche feste Stoffe lösen sich nicht
in Wasser auf, zum Beispiel Kieselsteine.

1 Gib verschiedene Stoffe wie Zucker, Salz, Mehl oder Sand in Wasser.
   Beobachte mit einer Lupe.

Flüssigkeiten untersuchen

Jede Flüssigkeit kann fest oder gasförmig werden.
Bei welcher Temperatur dies passiert, ist allerdings unterschiedlich.
Alkohol gefriert zum Beispiel erst bei –114 °C und verdampft bei +78 °C.
Deshalb wird er als Flüssigkeit im Röhrchen der Thermometer verwendet.

Flüssigkeiten lassen sich auch in **Geruch**, **Geschmack**, **Farbe**
und **Fließgeschwindigkeit** unterscheiden.

Wasser
Sauberes Wasser ist durchsichtig
und farblos. Außerdem ist es
geruchlos und hat keinen
speziellen Geschmack.
Das nennt man geschmacksneutral.

Saft
Im Gegensatz zum Wasser
sind Säfte farbig.
Auch Geruch und Geschmack sind
deutlich vom Wasser zu unterscheiden.
Orangensaft schmeckt zum Beispiel …

Honig
Auch Honig lässt sich in Farbe,
Geruch und Geschmack
vom Wasser unterscheiden.
Wenn man Honig und Wasser
über eine Glasscheibe laufen lässt,
kann man einen Unterschied
in der Fließgeschwindigkeit feststellen.

Achtung!
Diese Flüssigkeiten darfst du nicht untersuchen.
Sie sind giftig!

1 Untersuche Wasser, Saft, Honig, Tee, Sirup und Speiseöl
auf Geruch, Geschmack, Farbe und Fließgeschwindigkeit.
Lege eine Tabelle an.

Tolle Mode für jedes Wetter

Plant eine Modenschau mit Kleidung für eine bestimmte Jahreszeit.

Baue ein Flaschenthermometer

Du brauchst:

kleines Gefäß mit Schraubdeckel, Wasser, Tinte
Trinkhalm, Klebstoff, Schüssel, Eiswürfel, Schere

①  ② 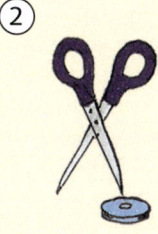 ③  ④

Färbe Wasser mit Tinte. Fülle das Wasser bis zum Rand in das Gefäß ein.	Bohre mit der Schere ein Loch in den Deckel. Lass dir dabei helfen!	Stecke den Trinkhalm etwas in das Loch. Dichte alles mit Klebstoff ab.	Schraube den Deckel auf das Glas. Es dürfen keine Luftblasen im Glas bleiben.

- Stelle das Thermometer in die Sonne oder auf die Heizung. Danach stellst du es in die Schüssel mit Eiswürfeln. Was passiert?

Eiskaltes Wasser

- Fülle das Eiswürfelglas bis zum Rand mit Wasser.
- Miss die Temperatur und notiere.
- Bestreue die Eiswürfel mit zwei Esslöffeln Salz.
- Beobachte die Eiswürfel und miss die Temperatur.
- Führe den Versuch mit einer größeren Menge Salz durch.

Erkläre: Warum streut man im Winter Salz?

Du brauchst:
Glas mit Eiswürfeln, Leitungswasser, Esslöffel, Speisesalz, Thermometer

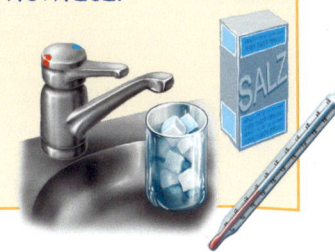

Jo-Jo

Sachunterricht 2

Erarbeitet von	Anna Christ, Kristian Keudel, Günter Nordmann, Dagmar Walther sowie Falk Beckhausen, Annette Greiner-von Bismarck, Britta Corssen, Juliane Groebler, Ulrike Heuer, Patricia Kehrberg, Uwe Mensching, Maike Nastke und der Cornelsen Redaktion Primarstufe
Unter Einbeziehung der Ausgabe von	Gabriele Bayer, Wiebke von Boxberg, Katrin Burike, Beate-M. Dapper, Carina Endres, Juliane Groebler, Astrid Haesner, Gudrun Korte, Katja Sach, Ingrid Schaab-Düvelmeyer
Unter Beratung von	Inge Keilwitz (Wunstorf)
Redaktion	Britta Frosina, Mario Hanschmann-Neubert
Illustrationen	Hajo Blank S. 61 (oben l.); Christoph Clasen S. 102 (unten); Antje Drescher S. 66, 67, 68, 71, 72, 76, 77, 81, 104 (oben, unten), 105, 107 (Mitte), 108 (oben); Steffen Faust S. 111 (unten); Gabriele Heinisch (Instrumente, Vignetten), S. 8, 33 (Mitte), 37 (7), 40, 41, 52 (unten), 87 (unten), 93 (unten), 96 (unten), 101, 104 (Mitte), 107 (unten), 108 (unten), 111 (Mitte); Heike Herold S. 17–23, 27, 53 (Mitte), 56 (oben), 57, 59, 61 (oben r. und Mitte), 69, 74, 75, 93 (oben), 103; Kirsten Höcker S. 24, 25, 30, 33 (oben), 42, 43, 45–47, 52 (Mitte), 78, 79, 82, 83, 87 (oben und Mitte), 94, 95, 97, 100, 106; Mario Kessler S. 10, 34, 35, 48, 60; Sandra Menke S. 37 (5, 6), 38, 39, 102 (oben), 110; Oliver Regener S. 9, 35 (Figuren), 36, 37 (1–4), 53 (oben), 54, 56 (Mitte), 58; Ute Thönissen S. 16, 28, 29, 50, 51; Catharina Westphal S. 81; Karl-Heinz Wieland S. 96 (oben)
Bildrecherche	Peter Hartmann, Janin Hacker
Notensatz	prima nota, Korbach
Umschlagillustration	Sylvia Graupner
Umschlaggestaltung	Heike Börner
Gesamtgestaltung und technische Umsetzung	buchetage Ines Kalwert, Berlin

www.cornelsen.de

Die Webseiten Dritter, deren Internetadressen in diesem Lehrwerk angegeben sind, wurden vor Drucklegung sorgfältig geprüft. Der Verlag übernimmt keine Gewähr für die Aktualität und den Inhalt dieser Seiten oder solcher, die mit ihnen verlinkt sind.

Dieses Werk enthält Vorschläge und Anleitungen für Untersuchungen und Experimente. Vor jedem Experiment sind mögliche Gefahrenquellen zu besprechen. Beim Experimentieren sind die Richtlinien zur Sicherheit im naturwissenschaftlichen Unterricht einzuhalten.

1. Auflage, 5. Druck 2021

Alle Drucke dieser Auflage sind inhaltlich unverändert und können im Unterricht nebeneinander verwendet werden.

© 2016 Cornelsen Schulverlag GmbH, Berlin
© 2018 Cornelsen Verlag GmbH, Berlin

Das Werk und seine Teile sind urheberrechtlich geschützt. Jede Nutzung in anderen als den gesetzlich zugelassenen Fällen bedarf der vorherigen schriftlichen Einwilligung des Verlages. Hinweis zu §§ 60a, 60b UrhG: Weder das Werk noch seine Teile dürfen ohne eine solche Einwilligung an Schulen oder in Unterrichts- und Lehrmedien (§ 60b Abs. 3 UrhG) vervielfältigt, insbesondere kopiert oder eingescannt, verbreitet oder in ein Netzwerk eingestellt oder sonst öffentlich zugänglich gemacht oder wiedergegeben werden.
Dies gilt auch für Intranets von Schulen.

Druck und Bindung: Livonia Print, Riga

ISBN 978-3-06-083378-8